Dans la même collection:

La magie blanche
La magie blanche, tome 2
La magie blanche, tome 3
La magie blanche, tome 4
La magie du cœur
Grimoire des herbes magiques
150 rituels à faire avec des bougies
Dictionnaire pratique des déesses et des dieux
Le livre des incantations
Les vertus thérapeutiques des pierres

L'ÉCOLE des sorciers et sorcières

Données de catalogage avant publication (Canada)

Sperandio, Éric Pier

L'école des sorciers et sorcières: guide pratique pour les débutants en magie blanche

(Collection: Nouvel âge)

ISBN 2-7640-0555-5

1. Magie. 2. Incantations. 3. Sorcellerie. I. Ricard, Marc-André. II. Titre. III. Collection.

BF1612.S635 2002 133.4'3 C2001-941613-X

LES ÉDITIONS QUEBECOR
7, chemin Bates
Outremont (Québec)
H2V 1A6
Téléphone: (514) 270-1746

Éditeur: Jacques Simard
Coordonnatrice de la production: Dianne Rioux
Conception de la couverture: Bernard Langlois
Illustration de la couverture: Circa / EyeWire
Révision: Jocelyne Cormier
Correction d'épreuves: Francine St-Jean
Infographie: Composition Monika, Québec

Nous reconnaissons l'aide financière du gouvernement du Canada par l'entremise du Programme d'Aide au Développement de l'Industrie de l'Édition pour nos activités d'édition.

Gouvernement du Québec – Programme de crédit d'impôt pour l'édition de livres – Gestion SODEC.

Imprimé au Canada

L'ÉCOLE des sorciers et sorcières

Guide pratique pour les débutants en magie blanche

Éric Pier Sperandio
en collaboration avec Marc-André Ricard

LES ÉDITIONS
Quebecor

Petit mot

Je sais, vous êtes impatient de vous lancer dans la pratique de ces rituels, aussi je serai bref!

Je tiens toutefois à préciser que ce livre s'adresse d'abord et avant tout aux jeunes sorciers et sorcières débutants, à ceux qui souhaitent découvrir et expérimenter la magie blanche; c'est la raison pour laquelle j'ai tenté de vous offrir les rituels les plus simples possible et qui exigent, dans leur très grande majorité, des accessoires ou des ingrédients que vous trouverez aisément dans votre environnement. Mais attention, ce n'est pas parce qu'ils sont simples qu'ils ne sont pas efficaces – vous le constaterez d'ailleurs très rapidement par vous-même.

Voilà! C'est à vous de jouer maintenant!

Éric Pier Sperandio

Chapitre 1

Les mots et les rituels de base

Toute pratique possède ses symboles et ses particularités, la magie ne fait pas exception. Voici donc les «outils» dont vous aurez besoin pour la réalisation des rituels de cet ouvrage et la définition de certains termes magiques utilisés.

LES OUTILS

ATHAMÉ

Le modèle standard de la sorcière est un couteau au manche noir, à double tranchant; dans les rituels, il sert à tracer le cercle magique, à couper des liens psychiques, etc. Un athamé au manche blanc, lui, sera utilisé essentiellement pour couper les herbes magiques pour les philtres et les potions, et les branches pour en faire des baguettes.

AUTEL

N'importe quelle surface plane peut faire office d'autel, pas besoin d'une grande table qui occupe toute la place; rien ne vous empêche de vous servir d'un très petit autel pour tous les jours et d'utiliser une plus grande table lors de rituels ou de célébrations.

CERCLE MAGIQUE

Avant tout rituel ou toute pratique magique, il est nécessaire – même primordial – de tracer un cercle magique, ce qui signifie, plus concrètement, créer votre environnement magique afin d'y concentrer les énergies positives et éviter qu'elles s'éparpillent dans tous les sens. Un cercle de 2 m (6 pi) de diamètre est amplement suffisant pour une personne, mais si vous êtes plus nombreux vous devrez l'agrandir pour y contenir tous les participants.

CHAUDRON

Il n'a rien à voir avec la version des films d'horreur! Dans la réalité, ce petit chaudron de fer noir, qui symbolise l'utérus de la déesse mère, sert à faire mijoter les potions, bouillir les herbes, brûler de l'encens, etc. Il peut aussi servir d'outil de divination (en le remplissant d'eau, il devient alors le miroir magique de la sorcière).

CONJURER

Appeler un esprit à l'aide d'une formule ou d'une incantation.

COUPE

La coupe sacrée représente l'élément de l'eau; elle est utilisée lors de rituels et de célébrations pour contenir l'eau ou le vin consacré à la déité. Achetez une coupe spéciale que vous réserverez à cet effet.

GRIMOIRE

Livre ou guide d'utilisation de formules, d'incantations et d'invocations magiques, ainsi que de recettes de potions et de philtres.

INCANTATION

Action de réciter des phrases ou des formules magiques pour assurer un résultat.

INVOCATION

Action d'invoquer ou de demander l'aide d'une déité, d'un ange ou d'un esprit à l'aide de formules ou de noms de pouvoir pour obtenir un résultat.

PENTACLE

Disque plat fait de bois, de cire, de métal ou de terre cuite, sur lequel on trace le symbole mystique de l'étoile à cinq branches.

SORTILÈGE

Rituel non religieux pratiqué par une sorcière ou un mage pour obtenir un résultat prédéterminé.

LES RITUELS DE BASE

POUR FORMER LE CERCLE MAGIQUE

Faites le tour trois fois autour du périmètre que vous avez décidé de vous réserver tout en imaginant qu'une lumière bleue s'interpose entre vous et le reste de la maison. Vous n'avez rien à dire pour l'instant, contentez-vous de définir le tour de ce cercle.

Une fois que vous avez accompli ces trois tours, placez-vous devant votre autel (ou votre table) et prenez le bol de sel dans vos mains en vous tournant vers le nord.

En partant du nord, faites encore une fois le tour de votre cercle en prononçant ces mots:

Avec le sel de la terre, je forme ce cercle.

Revenez devant l'autel et prenez maintenant le bol d'eau en vous tournant vers l'est. Partant de l'est, effectuez le tour de votre cercle en prononçant ces mots:

Avec l'eau du ciel et des rivières, je forme ce cercle.

Revenu à votre point de départ, allumez la bougie et faites le tour du cercle en disant:

Avec le feu sacré, je forme ce cercle.

De nouveau devant l'autel, allumez l'encens et, pour une dernière fois, faites le tour du cercle en disant:

Je forme ce cercle avec de l'air parfumé.

C'est maintenant fait, vous venez de tracer votre premier cercle magique et de créer ainsi un environnement bénéfique où aucune énergie négative ne peut entrer.

POUR BANNIR LE CERCLE MAGIQUE

Lorsque vous avez terminé votre rituel, vous devrez bannir votre cercle magique, c'est-à-dire en annuler les effets. C'est une question d'étiquette, de respect pour l'énergie cosmique. Au lieu de laisser l'énergie se disperser à force de traverser le cercle, vous la retournez au cosmos respectueusement, en remerciant les éléments et l'Univers pour leurs dons.

Prenez quelques instants pour remercier les entités présentes et, lentement, faites le tour de votre cercle en disant:

Je remercie l'Univers pour ce cercle
Et je renvoie cette énergie d'où elle provient.
Tout est maintenant comme auparavant.

Vous pouvez maintenant disposer de vos accessoires jusqu'au prochain rituel.

Chapitre 2

Pour trouver l'amour

POUR SUSCITER LA PASSION

Ingrédients et accessoires:

- Une mèche de cheveux de la personne aimée
- Une mèche de vos cheveux
- Une feuille de papier blanc
- De la verveine séchée
- Une aiguille

Rituel:

Prenez les deux mèches de cheveux et nouez-les ensemble. Ensuite, placez-les au centre d'une feuille de papier blanc sur laquelle sera écrit votre souhait d'amour; ajoutez-y une pincée de verveine. Roulez la feuille sur elle-même de manière à emprisonner votre charme et transpercez-la finalement avec une aiguille pour maintenir le tout en place. Enterrez le tout au pied d'un chêne, une nuit de pleine lune.

POUR SE FAIRE AIMER

Ingrédients et accessoires:

- Trois roses rouges
- Une bougie verte
- Une photographie de la personne aimée
- Une assiette blanche
- Une aiguille stérilisée

Rituel:

En effectuant ce rituel, vous réussirez à faire en sorte qu'une tierce personne puisse tomber amoureuse de vous. Vous devrez le pratiquer un vendredi soir pendant une lune croissante. Placez la photographie au centre d'une assiette blanche et disposez les roses autour, mais en formant un triangle. Ensuite, gravez les nom et prénom de la personne désirée sur la bougie. Prenez maintenant la bougie dans vos mains et prononcez les mots suivants:

Je te baptise au nom de (dites le nom de la personne)

Afin que tu deviennes (dites le nom de la personne).

Ayez une foi à toute épreuve au moment de cet acte, car c'est elle qui fera la puissance de ce rituel. Placez la bougie sur la photographie (la bougie doit éclairer la photographie). Répétez l'incantation suivante tant que brûlera la bougie, concentrez-vous et faites preuve d'une grande puissance de visualisation.

> (Dites le nom de la personne), *j'attendris ton cœur comme fond cette bougie, car au moment même où cette cire coule, alors ton amour s'embrase pour moi.*
>
> (Dites le nom de la personne), *j'attendris ton cœur comme fond cette bougie, car au moment même où cette cire coule, alors ton amour se retourne vers moi.*
>
> (Dites le nom de la personne), *j'attendris ton cœur comme fond cette bougie, car au moment même où cette cire coule, alors ton corps se presse contre le mien.*
>
> (Dites le nom de la personne), *j'attendris ton cœur comme fond cette bougie, et par ce charme d'amour, ainsi ton amour pour moi j'obtiens.*

Laissez la bougie brûler entièrement. Réunissez les roses, attachez-les ensemble et suspendez-les la tête en bas pour les faire sécher; ramassez la photographie ainsi que la cire refroidie et conservez le tout secrètement jusqu'à ce que le sort ait agi. Si vous ne constatez pas de changements d'ici la prochaine pleine lune, répétez le rituel à nouveau.

N'oubliez pas que les roses sont une offrande aux déesses de l'amour. N'hésitez pas à demander leur aide.

LA PASSION PASSE PAR LES ROSES

Ingrédients et accessoires:

- Trois bougies rouges
- De l'huile d'olive
- Une rose
- Du romarin

Rituel:

Un vendredi, allumez trois bougies rouges. Aspergez ensuite une rose avec de l'huile d'olive et brûlez-la pendant que vous récitez l'incantation suivante. Si vous avez du mal à les enflammer, ajoutez des morceaux de papier avec vos deux noms inscrits dessus. Récitez l'incantation suivante et, pendant que brûlent les bougies, visualisez votre amour maintenant conquis.

Par toutes les vies de la terre et des océans, par ce qui vient et ce qui va,

Par les nombres impairs et pairs, par le pouvoir de trois fois trois,

Tes pensées seront pour moi, de maintenant jusqu'à l'éternité,

Ni paix ni bonheur tu ne trouveras, tant que ta main, la mienne ne rejoindra,

J'attache ton cœur, ton âme et ton esprit, j'attache tes yeux et tes pensées,

Je t'attache à moi pour toujours, avec le fil du désir feutré,

Par les roses et le romarin, par les cavernes et les bosquets,

Par le silence des montagnes, par les abîmes et les pierres millénaires,

Je t'attache à moi pour toujours, avec le fil du doux péril.

Isis, Astarté, Ishtar, Aphrodite, Vénus,

Je t'attache à moi pour toujours,

Isis, Astarté, Ishtar, Aphrodite, Vénus,

Qu'il en soit ainsi.

LE PHILTRE ROUGE

Ingrédients et accessoires:

- Une coupe
- De l'eau de source (en bouteille)
- Cinq graines de coriandre
- Cinq gouttes de votre sang
- Un petit flacon

Rituel:

Un vendredi soir, placez une coupe remplie d'eau de source au centre de votre espace de travail. Tracez ensuite un cercle magique tout autour de vous, de façon à condenser les énergies au même endroit. Posez les mains au-dessus de la coupe et visualisez une lumière verte et très intense émaner de vos mains et chargeant le liquide. Puis laissez tomber cinq gouttes de votre sang dans la coupe ainsi que cinq graines de coriandre. Au moment où ces ingrédients touchent la surface de l'eau, apposez vos mains de nouveau et voyez la lumière s'intensifier plus que jamais. Dites ensuite cinq fois:

Déesse et ministres de l'amour, exaucez mon vœu le plus cher.

Que (dites le nom de la personne) *brûle d'amour pour moi par la force de ce philtre.*

Qu'il en soit fait selon ma volonté.

Visualisez la lumière s'intensifier à mesure que la déesse charge votre philtre. Poursuivez votre visualisation – voyez-vous, par exemple, entrelacé dans les bras de l'être aimé. Ensuite, soufflez trois fois sur le liquide et dites:

Qu'il en soit ainsi!

Filtrez le contenu de la coupe dans un flacon. Au moment propice, tout en appelant mentalement la Grande Déesse, versez votre philtre dans une boisson que vous servirez à la personne convoitée.

POUR OBTENIR L'AMOUR INCONDITIONNEL

Ingrédients et accessoires:

- Une bougie blanche
- Une bougie verte
- Une bougie bleue
- De l'encens de rose

Rituel:

Chaque fois que ce sera la pleine lune, admirez la lune silencieusement et avec respect pour la Grande Déesse. Puis allumez une bougie blanche, une verte et une bleue, en faisant brûler l'encens de rose. Ensuite, récitez cette incantation dédicatoire en son honneur:

Les bons auspices ont béni ma demeure,
Les bons auspices ont béni mon cœur,
Les bons auspices ont béni ceux que j'aime,
Et au loin ont chassé mes peines.
Humblement, je vous rends grâce,
Je remercie la Déesse pour cette vie,
Je remercie la Déesse pour son amour,
Je remercie la Déesse pour ses grâces continuelles.
Sois bénie!

Répétez ce rituel chaque mois afin que perdure votre bonne fortune amoureuse.

AMOUR ET CONFIANCE

Ingrédients et accessoires:

- Un petit objet personnel
- Une bougie rouge

Rituel:

Allumez une bougie rouge et prenez votre objet dans une main – il peut s'agir d'une bague, d'un bracelet, d'une pierre, etc. Fermez à présent les yeux et imaginez que des rayons de lumière très éblouissants irradient l'objet. Prononcez alors cette incantation:

Ce charme est mon gage de chance et de bonheur en amour,

Il m'apportera la confiance et le charisme nécessaires,

À l'accomplissement de tous mes desseins du cœur.

Qu'il soit béni par les quatre éléments,

Qu'il en soit ainsi.

Prenez le charme dans vos mains et, face à l'est, dites:

Ce charme est mon gage de chance et de bonheur en amour,

Qu'il soit béni par les quatre éléments,

Qu'il en soit ainsi.

Répétez ce rituel face au sud, puis à l'ouest et enfin au nord. Enterrez le charme (rappelez-vous l'endroit!) et attendez jusqu'au prochain jour ensoleillé. Ce jour-là, déterrez l'objet, apposez vos mains au-dessus et dites:

Ce charme est maintenant béni par les quatre éléments.

Puisse-t-il m'apporter la chance et le succès

Dans toutes mes entreprises d'amour.

Qu'il en soit ainsi!

Portez-le sur vous.

POUR NOUER DE NOUVELLES AMITIÉS

Ingrédients et accessoires:

- Une bougie rose
- Un quartz rose
- De l'encens d'oliban

Rituel:

Ce charme est très simple. Allumez une bougie rose et l'encens d'oliban, puis imaginez qu'une chaude lumière rose vous entoure et vous réconforte – cette lumière apporte le rire et la joie. Imaginez que vous êtes entouré d'amis plaisants. Tenez ensuite le quartz au-dessus de la flamme et pensez que la lumière de la bougie emplit votre cristal. Dites ensuite:

Par la puissance de la Lumière divine et de la bonté,

Je demande que l'amitié me soit accordée.

Portez le quartz sur vous ou dans vos poches quand vous sortirez et aurez une chance de rencontrer des gens. Quand vous vous sentirez seul ou que vous désirerez vous faire de nouveaux amis, imaginez mentalement la lumière rose provenant de votre quartz irradier tout autour de vous, et dites:

Je suis amitié, je suis amour.

Venez à moi ceux qui les recherchent.

POUR CRÉER DES LIENS DURABLES

Ingrédients et accessoires:

- Un bol d'eau
- Deux bougies rouges, roses ou blanches
- De l'encens d'oliban

Rituel:

Ce rituel convient parfaitement aux couples et aux amis intimes. Si vous décidez de créer un lien pour l'amour, utilisez alors des bougies rouges; si ce n'est que pour resserrer des liens d'amitié, utilisez des bougies blanches ou roses. Gravez d'abord sur l'une des bougies votre nom, tandis que votre partenaire en fera de même pour la sienne. Asseyez-vous sur le sol, l'un face à l'autre, un bol à moitié rempli d'eau fraîche entre vous. Joignez vos mains ensemble et embrassez-vous tendrement (ou faites une simple accolade pour les amis). Ensuite, allumez votre bougie et répétez votre nom à la flamme, l'identifiant ainsi pour qu'elle devienne dès cet instant votre propre représentation – cette bougie symbolisera votre participation dans ce lien d'amitié ou d'amour. Votre partenaire fera ensuite la même chose pour sa bougie. Joignez l'une de vos mains, puis rapprochez l'autre, celle qui tient votre bougie, de façon que les flammes se touchent et s'unissent. Répétez ensemble trois fois:

Reba lanie olna toiy, masi nacht zenel,
Toynct resani alni buech, tanital rhan poines.

Au moment où vous récitez ces mots magiques, échangez vos bougies en prenant garde que les flammes ne se séparent pas. Lorsque vous serez en possession de la bougie de votre partenaire, dites son nom à voix haute, chacun votre tour. La troisième fois, échangez encore vos bougies et dites votre nom comme précédemment. Puis, flammes unifiées, abaissez lentement les bougies et éteignez-les dans l'eau.

LE BONHEUR EST DANS LA BOÎTE

Ingrédients et accessoires:

- Un morceau de tissu rouge
- Un objet personnel
- Trois bougies rouges
- Une boîte de carton
- De l'encens de rose

Rituel:

Pour acquérir le sentiment de bonheur et le propager aux gens que l'on affectionne tout particulièrement, allumez deux des bougies rouges, une de chaque côté de vous, assis sur le sol face à votre autel ou votre espace de travail. Prenez ensuite un objet qui vous appartient, par exemple une bague ou une pierre que vous chérissez. En plaçant cet objet au centre du morceau de tissu, dites trois fois:

Amour et bonheur, venez vers moi en grandes doses,

Le bonheur est dans la boîte, l'amour conservé.

Guérissez mes blessures et apportez les bonnes choses,

Car demain est un autre jour où encore je m'épanouirai.

Allumez l'encens de rose et passez le tissu et l'objet au-dessus de la fumée de manière que l'odeur s'y imprègne. Placez ensuite le tout dans la boîte de carton et refermez-la. Allumez la dernière bougie et placez-la sur la boîte. Laissez la bougie et l'encens se consumer complètement et attendez cinq jours. Le cinquième jour, ouvrez le charme à midi, et votre fortune sera accordée!

FAITES-LUI DIRE «JE T'AIME»

Ingrédients et accessoires:

- Une bougie rose
- De l'encens d'oliban

Rituel:

Afin de donner du courage à la personne que vous soupçonnez vous aimer, pour qu'elle puisse enfin vous déclarer son amour, pratiquez ce rituel. S'il s'avère que vous vous êtes trompé, c'est-à-dire que la personne ne ressent pas d'amour pour vous, le rituel ne fonctionnera tout simplement pas – ce charme devrait toujours être pratiqué à la même heure, sept vendredis consécutifs. Prenez une bougie rose et faites six marques à distances égales sur toute la longueur de la bougie, ce qui vous donnera une bougie divisée en sept sections. Allumez-la ensuite et prononcez trois fois, à voix haute, le nom de la personne. Puis dites:

Gana, sois avec moi dans tout ce que je fais.

Gana, s'il te plaît, accorde-moi un amour qui soit vrai.

Gana, accorde-lui la force de mettre en mots
Ses sentiments afin qu'il les chante
Comme le font si bien les oiseaux.

Concentrez-vous ensuite très fortement sur la personne pendant un moment. Imaginez-la venir à votre rencontre, vous avouant tous les sentiments d'amour qu'elle nourrit à votre égard. Répétez le chant ainsi que la visualisation jusqu'à ce que le premier septième de la bougie soit brûlé. Le vendredi suivant, répétez le rituel en brûlant le deuxième septième, et ainsi de suite pendant sept semaines.

Chapitre 3

Pour ramener l'amour

UN CŒUR DÉLAISSÉ UTILISE LA MAGIE!

Ingrédients et accessoires:

- Une bougie rouge
- Quinze aiguilles neuves
- Un objet appartenant à la personne aimée

Rituel:

Un vendredi soir, à l'aide de quinze aiguilles neuves, percez la mèche et toute la longueur d'une bougie rouge. À l'aide de l'une de ces mêmes aiguilles, fixez un objet ayant appartenu à la personne visée par ce rituel. Allumez ensuite la bougie tout en vous concentrant sur le retour de votre amour, et répétez quinze fois à voix haute:

Flamme de Vénus, feu torride de l'amour,
Brûle le cœur de (dites le nom de la personne),
Nourris-le de sentiments à mon égard
Comme les aiguilles transpercent cette bougie.
Que son amour me soit retourné immédiatement,
Car il y a un cœur délaissé qui l'attend impatiemment!

Après vous être concentré une quinzaine de minutes, éteignez la bougie et recommencez le rituel le lendemain. Répétez cette période de concentration jusqu'à ce que la bougie se soit complètement consumée.

LA POUPÉE DE CIRE

Ingrédients et accessoires:

- Deux bougies rouges
- Trois gouttes de votre sang
- Un morceau de papier

Rituel:

Prenez une bougie rouge et faites-la fondre pour ensuite recueillir la cire tiédie et la sculpter de manière à obtenir grossièrement une forme humaine à l'effigie du sexe de la personne qui vous a quitté. Faites un trou au niveau du cœur et versez trois gouttes de votre sang, puis faites couler une goutte de cire pour bien sceller la cavité. Inscrivez ensuite le nom de la personne sur le morceau de papier et attachez-le à la poupée. Allumez alors l'autre bougie et concentrez-vous de toutes vos forces sur votre amour, et demandez-lui qu'il vous revienne. Lorsque la bougie aura complètement brûlé, prenez la figurine et rangez-la sous votre lit. Pendant les deux prochaines semaines, allumez une bougie rouge tous les vendredis, et serrez la poupée dans vos mains en demandant à la personne de vous revenir afin que tout redevienne comme auparavant. Lorsque votre amour vous sera revenu, brûlez la figurine de cire.

POUR LE RETOUR DE L'ÊTRE AIMÉ

Ingrédients et accessoires:

- Du sel
- Deux aimants

Rituel:

Consacrez au nom de votre ancien amour une petite poignée de sel et saupoudrez-en sur deux aimants que vous aurez disposés à 30 cm (12 po) de distance, près du seuil de votre porte. Pendant une semaine, levez-vous tous les matins pour rapprocher les aimants l'un de l'autre et les saupoudrer de nouveau avec du sel. Chaque fois que vous ferez cela, songez fortement à votre amour, imaginant qu'il se rapproche un peu plus de vous. La dernière journée, laissez les aimants se coller ensemble. Votre ancien amour devrait vous revenir tôt au tard et vous serez une fois de plus réunis.

J'AI TA PHOTO, J'AI TON AMOUR!

Ingrédients et accessoires:

- Une photographie de la personne
- Des bougies rouges
- De l'encens de patchouli

Rituel:

Un vendredi soir, munissez-vous d'une photographie de la personne dont vous voulez le retour et déposez-la face contre votre autel (ou votre espace de travail). Derrière celle-ci, écrivez une petite pensée qui exprime votre désir dans des mots simples, positifs et directs, par exemple:

> *Toi,* (dites le nom de la personne), *tu ressens toujours cet amour pour moi et tu es maintenant revenu...*

Allumez une bougie rouge sur la photographie (derrière laquelle vous aurez gravé vos deux noms au préalable) et l'encens de patchouli. Laissez la bougie brûler pendant trois heures et éteignez-la.

Ensuite, chaque jour, pendant six jours, faites brûler la bougie pendant trois heures en pensant à votre amour. Une fois cela fait, retournez la photographie et poursuivez le même rituel pendant trois autres jours – si besoin est, remplacez la bougie par une nouvelle. Chaque fois que vous allumerez la bougie, prononcez cette incantation de retour d'affection:

J'ai ta photo, j'ai ton amour!
Je brûle le feu de ton retour tous les jours!

POUR ÊTRE PLUS MAGNÉTIQUE

Ingrédients et accessoires:

- Des pétales de rose
- De la sauge
- Cinq bougies rouges

Rituel:

Faites couler un bain chaud et répandez-y une poignée de pétales de rose ainsi qu'une autre de sauge. Allumez ensuite vos cinq bougies rouges. Entrez dans la baignoire et méditez en silence, pendant un moment, sur l'image que vous souhaitez projeter aux yeux de la personne que vous désirez voir revenir auprès de vous – voyez-vous comme un aimant qui attire à nouveau vers lui l'élu de son cœur, et ce, encore plus fort qu'auparavant.

Dites par la suite les mots suivants autant de fois qu'il sera nécessaire:

Charme pour plaire, charme d'amour,
Que ma beauté illumine son esprit
Comme un phare guidant les navires à bon port!
Mon magnétisme ramène celui que j'aime,
L'amour reprendra son cours sans effort.

POUR RÉANIMER LA FLAMME

Ingrédients et accessoires:

- Des rognures d'ongles ou quelques gouttes de sang
- Du jus de fruits

Rituel:

Vous aimez une personne qui vous a laissé tomber? Si vous avez tout de même gardé le contact avec elle, voici un rituel facile à pratiquer afin que cette personne retombe amoureuse de vous! Mélangez une toute petite pincée de vos rognures d'ongles réduites en poudre (ou 3 ou 4 gouttes de votre sang) avec du jus de fruits. Posez vos mains au-dessus du liquide et concentrez-vous en disant:

Toi qui es mon amour pour toujours,
Toi qui consumes une partie de mon être,

Un philtre afin que tu me reviennes dès ce jour,
Et sans plus attendre, car mon amour est ton maître.

Lorsque le moment propice sera venu, servez la boisson à votre amour sans qu'il puisse se douter de son contenu – et au cours du mois suivant, son amour pour vous refleurira.

RETOUR AU QUINZIÈME APPEL

Ingrédients et accessoires:

- Une bougie rouge
- Une aiguille
- Une feuille de papier
- Un crayon
- Une poignée de basilic
- Ficelle rouge

Rituel:

À la nouvelle lune, à la lumière d'une bougie rouge, écrivez votre nom ainsi que celui de la personne qui vous a quitté sur une feuille de papier blanc; piquez ensuite votre annulaire gauche avec l'aiguille et répandez le sang sur les deux noms. Faites brûler le basilic dans un petit bol et, avec les cendres, encerclez vos deux noms en répétant quinze fois:

Par quinze fois je t'appelle (dites son nom) *et te demande de revenir,*

Toi, mon ami, toi que j'aime toujours, reviens

Car mon charme est sur toi et tu ne peux le nier,

Tu as envie de revenir, viens, je t'attends!

Pliez le papier en quatre et attachez-le avec de la ficelle rouge (une ficelle blanche que vous aurez colorée avec de la craie de cire ou avec un feutre). Les quatorze nuits suivantes, allumez la bougie, faites brûler les herbes et répétez le charme. Allez ensuite enterrer le charme lors de la pleine lune.

POUR QU'UNE PERSONNE PENSE À VOUS

Ingrédients et accessoires:

- Une bougie rouge
- De petites épingles

Rituel:

Sur une bougie rouge, gravez les nom et prénom de votre ancien amour avec la pointe d'une aiguille. Plantez ensuite, sur chacune des lettres, une petite épingle droite. Allumez la bougie en pensant amoureusement à cette personne que vous aimez toujours. Chaque fois que la flamme entrera en contact avec une épingle, cette personne se souviendra de vous et n'aura qu'une envie: vous retrouver.

POUR PROVOQUER LE RETOUR DE LA PERSONNE AIMÉE

Ingrédients et accessoires:

- Une photographie de la personne aimée
- Une bougie blanche
- Un verre d'eau

Rituel:

Une nuit de pleine lune, placez la photographie de la personne aimée au centre de votre autel ou de votre espace de travail. Posez la bougie à droite, et le verre d'eau à gauche. Allumez la bougie et éteignez toutes les lumières. Posez maintenant vos deux mains à plat sur la table, de chaque côté de la photographie de votre amour, et récitez à haute voix:

J'en appelle à vous, dieux et déesses de l'amour et du retour,

De même qu'à votre généreuse bonté de toujours.

Faites-moi grâce et ramenez (dites le nom de la personne) *auprès de moi,*

Afin qu'ensemble nous puissions parfaire cette union de jadis,

Celle qui fut si bonne et si forte, si émotionnelle et si heureuse.

Donnez-moi la grâce que je sollicite en votre volonté,

Et que cette même volonté puisse être exaucée!
Qu'il en soit ainsi.

Recueillez-vous et pensez fortement à l'être que vous souhaitez voir revenir. Renouvelez trois fois cette opération au cours de la soirée. À la fin, laissez se consumer la bougie et allez vous coucher. Le lendemain, prenez le verre d'eau et videz-en le contenu sur le seuil de votre porte d'entrée.

SORTILÈGE DU RECOMMENCEMENT

Ingrédients et accessoires:

- Une bougie bleue
- De la terre glaise
- Des aiguilles neuves
- Un objet appartenant à la personne visée

Rituel:

En travaillant à la lueur d'une seule bougie bleue, réalisez (même grossièrement) une effigie humaine du sexe de la personne visée par ce sortilège, tout en vous assurant, en pétrissant la terre, d'y incorporer un objet ayant appartenu à cette personne (par exemple une mèche de cheveux). Ensuite, concentrez-vous et imaginez qu'elle est présente à vos côtés; voyez-la être en parfait amour avec vous, vous donnant des baisers, etc. Prononcez par la suite l'incantation suivante:

Par cette terre respirant le nom et devenue (dites le nom de la personne),

J'applique une pression d'amour et de retour sur cette image.

Je provoque de nouveau l'amour dans le cœur de (dites son nom),

Par ma forte volonté qui est le plus grand des gages!

Piquez maintenant plusieurs aiguilles au niveau du cœur de l'effigie de glaise en répétant à chaque aiguille un souhait que vous chérissez envers cet être aimé. Lorsque la bougie s'éteindra d'elle-même, prenez votre poupée de glaise et cachez-la près de la porte d'entrée de la personne qu'elle représente.

SUR CES BILLETS, IL EST ÉCRIT QUE TU REVIENDRAS...

Ingrédients et accessoires:

- Dix billets de papier
- Une bougie rouge et une bleue
- Une aiguille

Rituel:

Après le coucher du soleil, prenez une bougie rouge et une bleue. Sur la bougie rouge, gravez les mots *le feu de l'amour*, et sur la bleue *nos sentiments partagés.* Avec un feutre, écrivez sur dix billets de papier chacun des mots des deux phrases précédentes, à raison d'un mot par billet. Les deux billets restants serviront à inscrire votre nom et celui de la personne dont vous souhaitez ardemment le retour. Passez ensuite les morceaux de papier dans la fumée des bougies, puis placez-les les uns sur les autres, en suivant l'ordre des deux phrases, et en finissant par les deux billets où sont écrits vos noms. Lorsque vous irez vous coucher, placez-les sous votre oreiller en prenant soin de laisser les bougies brûler d'elles-mêmes. Le matin, à votre réveil, visualisez votre amour revenu et brûlez les papiers en disant tout bas:

> *Par le feu de l'amour et nos sentiments partagés,*
>
> (Dites vos deux noms) *sont maintenant réunis.*

Répétez ce charme pendant sept nuits consécutives en commençant une semaine avant la pleine lune – la personne vous reviendra assurément.

Chapitre 4

Pour chasser les chagrins du cœur

POUDRE DU SOUFFRE-DOULEUR

Ingrédients et accessoires:

- Une part de sauge
- Une part de lavande
- Une part de basilic
- Une part de marjolaine

Rituel:

Pour fabriquer la poudre du souffre-douleur, utilisez de préférence un pilon et un mortier (ou, à la rigueur, une cuillère et un bol de bois). Écrasez méticuleusement la sauge, la lavande, le basilic et la marjolaine. Pendant ce processus, visualisez votre vie devenant meilleure, voyez la joie et la gaieté devenir partie intégrante de votre quotidien.

Lorsque votre mélange sera homogène, dites alors:

Le souffre-douleur que j'étais se lève et me quitte,

Afin que je puisse vivre dans l'amour et la joie.

Herbes bénéfiques aux pouvoirs de lumière que je cite,

Paix, béatitude, protection et gaieté, venez vers moi.

Rangez votre poudre dans un bocal hermétique et lorsque le besoin se fera sentir, saupoudrez-en votre demeure ou versez-en une poignée dans un bain chaud, ou encore utilisez-la en guise d'encens que vous ferez brûler sur des pastilles de charbon ou sur du bran de scie.

IMMERSION APAISANTE

Ingrédients et accessoires:

- Des clous de girofle
- Des fleurs de souci
- Des pétales de rose
- Du tilleul
- De la valériane

Rituel:

Dans un bol en bois, mélangez, en quantités égales, les herbes et épices que vous aurez réduites en poudre. Ensuite, faites-vous couler un bain chaud et jetez-y trois bonnes poignées de votre mélange. Au moment où elles touchent l'eau, imaginez que toutes les propriétés positives des herbes se transmettent automatiquement à cette eau dans laquelle vous vous apprêtez à pénétrer. Fermez à présent toutes les lumières et baignez-vous dans la noirceur la plus totale; voyez mentalement tout ce qui vous afflige s'évaporer de votre corps comme dans un nuage – retenez que vous êtes dans un bain purificateur et que cette immersion transmettra à votre corps psychique toutes les vibrations nécessaires pour vous remettre sur pied le plus rapidement possible. Répétez ce rituel au besoin.

POUR SE RAPPROCHER DE LA PERSONNE AIMÉE

Ingrédients et accessoires:

- De l'eau de pleine lune
- Une photographie
- Une bougie bleue
- Un chaudron

Rituel:

Munissez-vous d'une photographie où vous êtes en compagnie de la personne qui n'y est plus;

à défaut d'une telle photo, prenez une photographie de vous et une seconde de l'autre personne, découpez-vous tous les deux et collez-vous l'un à côté de l'autre. Aspergez ensuite le tout avec de l'eau de pleine lune – c'est-à-dire de l'eau récupérée dans un plan d'eau (ou de l'eau de pluie) lors d'une nuit de pleine lune. Placez une bougie bleue, sur laquelle vous aurez gravé vos noms, au centre d'un chaudron et remplissez-le avec la même eau. À présent, visualisez que votre bien-aimé revient vers vous avec autant de sentiments qu'auparavant. Fixez la flamme de la bougie et, en vous concentrant jusqu'à ce que la flamme s'éteigne dans l'eau, prononcez l'incantation suivante:

> *En cette eau magique, je trouve mon amour romantique,*
>
> *Il revient vers moi et m'aime comme au premier jour.*
>
> *Par ce charme aux intentions purement bénéfiques,*
>
> (Dites le nom de la personne) *me reconnaît comme son unique amour.*

LE CŒUR DE POMME

Ingrédients et accessoires:

- Une pomme rouge
- Cinq aiguilles

Rituel:

Si vous êtes en peine d'amour et que tout semble aller de travers, voici un rituel qui vous permettra d'alléger votre peine. Coupez une belle pomme rouge et mûre en son centre – vous y retrouverez la forme d'une étoile à cinq branches. Prenez alors une aiguille et piquez-la à la pointe supérieure de cette étoile représentant le pentagramme magique, puis placez-en une à chacune des autres pointes en répétant chaque fois cette incantation:

Au nom des cinq éléments cosmiques,

Esprit, feu, eau, air et terre,

Je chasse maintenant ce qui m'est contraire.

Mon chagrin et mes peines s'envolent au loin,

Maintenant je suis heureux et tout va bien.

Placez votre pomme sur le rebord d'une fenêtre et, tous les jours, prenez-la entre vos mains et récitez l'incantation. Vous finirez par ressentir l'arrivée des jours heureux.

LA LUMIÈRE DE LA PAIX DE L'ÂME

Ingrédients et accessoires:

- Une bougie blanche
- Du tilleul
- Des tulipes
- Une pastille de charbon (ou un peu de bran de scie)

Rituel:

Cette recette a pour but de soulager une peine d'amour difficile à vivre. Cueillez quelques tulipes (ou achetez-les dans un centre de jardinage) et faites-les sécher. Une fois qu'elles sont bien sèches, émiettez-les et réduisez-les en une fine poudre, laquelle constituera votre encens purificateur. Maintenant, attendez le soir, lorsque tout est calme, faites chauffer de l'eau et préparez une tisane de tilleul. Lorsque vous serez prêt, allumez une pastille de charbon (ou faites brûler une bonne poignée de bran de scie) ainsi qu'une bougie blanche, sur laquelle vous aurez gravé cette phrase: *Je suis enfin libéré.* Déposez votre poudre d'encens sur les braises, laissez-vous pénétrer par ses effluves purificateurs et buvez votre tisane lentement, tout en visualisant que vous vous portez de mieux en mieux. Entretenez cette sérénité pendant une heure, puis éteignez la bougie. Répétez tous les jours jusqu'à ce que la bougie soit brûlée entièrement. Ce moment venu, vous serez libéré de votre peine et tout ira pour le mieux.

SEL DIURNE, SEL NOCTURNE

Ingrédients et accessoires:

- Du sel
- Une assiette blanche

Rituel:

Malgré sa simplicité déconcertante, ce rituel est véritablement à toute épreuve. Vous avez de la peine, vous broyez du noir ou vous ressentez des énergies négatives planer autour de vous? Le soir, avant de vous coucher, prenez du sel et versez-en une petite poignée sur une assiette blanche. Ensuite, prenez une poignée dans chacune de vos mains et récitez cette incantation:

Sel sous le lit, absorbe ce qui me nuit,

Aspire et retiens les ondes maléfiques.

En toi, je suis libéré de mes souffrances

Et je m'ouvre à ce qui est magnifique.

Frottez vos mains et remettez le sel dans le bocal, puis placez l'assiette (qui contient toujours le sel) sous votre lit. Le lendemain, à votre réveil, récupérez-la en prenant soin de ne pas toucher au sel et allez jeter son contenu. Répétez ce geste tous les soirs pendant un mois. Vous serez alors en mesure de ressentir les bienfaits de cette action magique.

ATTRACTION DES SENTIMENTS DE BEAUTÉ

Ingrédients et accessoires:

- Une bougie blanche
- Une bougie rose
- Des tomates séchées
- Une pastille de charbon (ou du bran de scie)

Rituel:

Faites couler un bain chaud, allumez une bougie blanche et une bougie rose que vous placerez près de la baignoire. Sur une pastille de charbon (ou sur du bran de scie), faites brûler une pincée de tomates séchées réduites en poudre. Prenez ensuite une autre poignée de cette poudre et jetez-la dans l'eau en disant:

Je charge cette eau avec les propriétés inhérentes de cette poudre naturelle,

Afin que mes corps subtils puissent être tonifiés par la beauté et la pureté.

Puisse ce moment m'apporter la paix et les sentiments d'estime personnelle,

Alors que je me purifie entièrement par ce charme d'attraction pour charmer.

Entrez dans la baignoire et imaginez que toutes les «impuretés» quittent votre corps pour faire place à la beauté et au charme – convainquez-vous que vous avez tout pour plaire et que, dorénavant, votre charisme sera tel que personne ne pourra faire autrement que de se plaire à vos côtés.

REMÈDE CONTRE LES SOUFFRANCES ÉMOTIONNELLES

Ingrédients et accessoires:

- Trois bougies blanches
- Du tilleul
- Des fleurs de souci
- Du trèfle
- Des clous de girofle
- Des pétales de rose
- Un quartz rose

Rituel:

Cette potion est excellente pour travailler sur les problèmes affectifs. À la lumière de trois bougies blanches, faites bouillir pendant sept minutes une composition de tilleul, de fleurs de souci, de trèfle, de clous de girofle et de pétales de rose. Filtrez le tout par la suite dans une petite bouteille et ajoutez-y un quartz rose, avant d'y mettre le bouchon. Pour utiliser votre potion, frottez tout votre corps avec le liquide. Au contact de la peau, imaginez que votre corps resplendit d'une lueur très brillante – ne buvez pas cette potion, mais vous pouvez toutefois en placer une goutte sur vos lèvres. Utilisez-la régulièrement et vous pourrez ainsi charger votre aura d'influences positives et bénéfiques qui vous aideront à guérir ou à surmonter les problèmes affectifs.

LA COURSE CONTRE LE MAL ET LE LÂCHER-PRISE

Ingrédients et accessoires:

- Une bougie rouge
- Deux parties de basilic
- Une partie de romarin

Rituel:

Un mardi, allumez une bougie rouge et mélangez le basilic et le romarin réduits en une fine poudre. En versant un peu de cette poudre dans vos propres chaussures, prononcez l'incantation suivante:

Par les forces de Mars et par l'élément du feu,
J'exige que le mal cesse de suivre mes pas
Et que les ombres relâchent mon ombre.
Que plus rien ne vienne empiéter mon chemin,
Car je brise les chaînes retenant mes chevilles,
Et le mal ne pourra jamais me rattraper.
Que cette volonté soit exaucée!

LES NUAGES NOIRS DE L'ÈRE GLACIAIRE

Ingrédients et accessoires:

- Un bocal d'eau de source
- Un morceau de papier
- Une enveloppe

Rituel:

Ce rituel doit être pratiqué lors de la première semaine après la pleine lune. Inscrivez sur un morceau de papier le nom de la personne pour qui vous éprouvez encore des sentiments qui vous heurtent (ainsi que sa date de naissance, si possible), puis glissez-le dans l'enveloppe. Roulez ensuite celle-ci sur elle-même et placez-la dans un bocal d'eau de source. Refermez le couvercle. Récitez trois fois l'incantation suivante, en vous concentrant de toutes vos forces sur le fait que vous désirez véritablement *geler* toute la négativité que cette personne suscite en vous, de façon à pouvoir passer à une nouvelle étape de votre vie.

> *Je chasse* (dites le nom de la personne) *de ma vie,*
>
> *Sur cet instant il quitte mes pensées.*
>
> *Que l'influence de ses nuages noirs soit emprisonnée*
>
> *Dans cette prison de glace que je lui ai façonnée.*

Je me détache pour toujours de ce cube de glace,

Et jamais plus de telles discordances ne me feront face.

Que cette volonté soit exaucée!

Placez le bocal au congélateur. Laissez-le ainsi sans le toucher pendant un mois, puis allez l'enterrer dans un terrain vague.

INCANTATION CONTRE LES RUPTURES

Ingrédients et accessoires:

- Aucun

Rituel:

Si vous vivez une rupture, que votre partenaire amoureux vous a laissé tomber ou que vous avez du chagrin d'amour, récitez cette incantation afin de vous ouvrir à la réception des énergies du bonheur.

Si j'ai fait quelque chose de mal, que le ciel m'en parle,

Car si j'ai fait quelque chose de bien, je ne veux souffrir pour rien.

Que les énergies du bonheur arrivent par milliers et inondent cette demeure,

Car celui qui y réside demande leur aide à régler ses problèmes de cœur!

POUR PUNIR L'INFIDÉLITÉ

Ingrédients et accessoires:

- Un citron
- Un couteau

Rituel:

Une nuit de mardi, lors d'une lune décroissante, prenez un citron et gravez à l'aide d'un couteau les initiales du cœur infidèle ainsi que celles de la personne pour qui il bat maintenant de l'autre côté. Concentrez-vous sur le résultat que vous voulez obtenir. Après avoir passé quelque temps à maudire mentalement le couple qui est la cause de vos tourments, tenez le citron dans les deux mains et dites à voix haute:

> *Je détruis l'amour de* (dites le nom de votre amoureux)
>
> *Et de* (dites le nom de l'autre personne).
>
> *Je détruis leur chance, je détruis leurs joies!*
>
> *Que ni la paix ni les bons moments ils puissent connaître,*
>
> *Seulement mauvaise fortune, chagrin et douleur.*
>
> *Je les détruis, par la force de ma volonté!*

Enterrez ensuite le citron dans la terre, près de la maison du rival, en répétant l'incantation. Puis, soufflez cinq fois à l'endroit où est enterré le citron. À mesure que le citron pourrira, il en sera de même pour cette relation. Répétez ce sort une fois par mois pendant un certain temps, toujours le même jour et à la même heure. Sachez que vous serez ainsi vengé.

Chapitre 5

Les permissions

POUR ALLER COUCHER CHEZ UN AMI

Ingrédients et accessoires:

- Une bougie rouge
- Une mèche de cheveux
- Du fil rouge

Rituel:

Ce rituel, très simple, vous permettra d'influencer positivement la personne qui prend les décisions à la maison, de sorte qu'elle puisse vous accorder le droit de découcher comme bon vous semble. Vous aurez besoin d'une mèche de cheveux de cette personne – pour en obtenir une, allez faire un tour discrètement dans la salle de bain et procurez-vous-en à même sa brosse à cheveux! De retour dans votre pièce de travail, allumez une bougie rouge sur laquelle le nom du parent sera gravé. Prenez la mèche de cheveux et le fil rouge, puis nouez l'une des extrémités de cette mèche avec le fil et, alors que vous enroulerez le fil autour de la mèche de cheveux d'un tour complet, et tout en visualisant que la permission vous est accordée, prononcez l'incantation suivante:

> (Dites le nom du parent), *tu m'accordes le droit de découcher,*
>
> *Et je te promets que demain je serai rentré pour le souper.*

Répétez l'incantation en effectuant un second tour avec le fil, puis un troisième. Allez-y lentement. Lorsque vous aurez terminé, posez le charme devant la bougie et laissez cette dernière brûler jusqu'au bout. Récupérez ensuite le charme et, en le tenant dans la main droite, allez demander votre permission qui... vous sera accordée!

POUR INVITER SON AMI À COUCHER À LA MAISON

Ingrédients et accessoires:

- Une bougie rouge
- Une mèche de cheveux
- Trois fils rouges

Rituel:

Ce rituel ressemble beaucoup au précédent; par contre, le but visé est de pouvoir amener un ami à la maison pour la nuit – il peut s'agir de votre petit ami! Vous aurez encore une fois besoin d'une mèche de cheveux de cette personne. Allumez une bougie rouge sur laquelle le nom du parent sera gravé et prenez la mèche de cheveux et le fil rouge. Nouez l'une des extrémités de cette mèche au fil et répétez l'incantation suivante alors que vous enroulerez le fil autour de la mèche de cheveux d'un tour complet, et ce, en visualisant que la permission d'inviter cet ami vous est accordée.

> (Dites le nom du parent), *tu m'accordes le droit de l'amener coucher,*
>
> (Dites le nom de l'ami) *restera pour la nuit, qu'il en soit ainsi!*

Répétez l'incantation encore et encore en effectuant un nouveau tour avec le fil chaque fois que vous répéterez la phrase. Allez-y lentement, de manière que vous puissiez enrouler toute la mèche de cheveux sur une durée d'environ quinze minutes. Lorsque vous aurez terminé, posez le charme devant la bougie et éteignez-la. Répétez ce rituel pendant trois jours, en utilisant un nouveau fil chaque fois. La dernière journée, laissez la bougie brûler jusqu'au bout. Récupérez ensuite le charme et, en le tenant dans la main droite, allez demander votre permission.

POUR POUVOIR SE COUCHER PLUS TARD

Ingrédients et accessoires:

- Une bougie blanche
- Du basilic
- Un petit sachet

Rituel:

Ce rituel s'avérera des plus pratiques si vous désirez passer plus de temps éveillé, surtout s'il y a de l'école le lendemain! Prenez une bougie blanche, gravez dessus les mots *COUCHER TARD*, puis allumez-la et prenez une poignée de basilic dans votre main droite. Dans le sens des aiguilles d'une montre, tracez d'abord un cercle autour de la bougie avec les herbes, puis tracez une croix tout juste devant la bougie en disant à voix haute:

Ce soir je peux me coucher tard, car j'ai été bon,

Je déciderai de l'heure de mon coucher, car j'en ai la permission!

Regardez et fixez ensuite la flamme de la bougie en vous concentrant sur ces dernières paroles. Voyez sa lumière vous entourer d'une énergie permissive, puis, au bout de quelques minutes de concentration, éteignez la flamme et récupérez les herbes qui constituaient le cercle autour de la bougie pour les glisser dans un petit sachet que vous porterez sur vous. Ce charme vous permettra de vous coucher lorsque vous le désirerez.

POUR REGARDER LA TÉLÉVISION PLUS LONGTEMPS

Ingrédients et accessoires:

- Des clous de girofle
- Du basilic
- Un bol
- Trois sachets de tissu
- Du fil

Rituel:

Ce rituel vous permettra d'avoir l'occasion de passer plus de temps devant la télévision. Dans un bol, versez des parts égales de clous de girofle et de basilic. Mélangez le tout avec votre index droit, tout en disant à dix reprises:

Ces herbes aux influences bénéfiques
M'aideront pour ce charme stratégique.
Ainsi je passerai plus de temps devant la télé,
Permission accordée, ce vœu est exaucé!

Après avoir bien chargé votre mixture, partagez-la entre vos trois sachets de tissu et refermez bien le tout en faisant un nœud solide avec du fil. Vos charmes étant maintenant prêts à être utilisés, placez les sachets de la façon suivante: un derrière le poste de télévision, un sous le meuble où vous vous installez habituellement pour regarder vos émissions préférées, et le troisième dans la chambre à coucher de vos parents. Si vous réussissez sans vous faire prendre (!), vous devriez être en mesure de passer plus de temps devant la télé.

AFIN DE POUVOIR EMPRUNTER UN OBJET

Ingrédients et accessoires:

- Un objet appartenant à la personne
- Un petit sachet de tissu rouge
- Une bougie rouge
- Un morceau de papier et un feutre rouge
- Du poivre

Rituel:

Dans toutes les maisons, il existe des objets que certaines personnes n'aiment pas nous voir manipuler, qu'il s'agisse des bâtons de golf de votre père, des bouteilles de parfum de votre mère, du baladeur de votre grande sœur ou de la guitare de votre frère. Mais voilà! Vous avez envie d'emprunter ces objets, alors voici comment y parvenir.

Un mardi, prenez un objet personnel appartenant à la personne qui possède ce que vous voulez emprunter, par exemple un vêtement ou un bijou. Ensuite, allumez une bougie rouge et, en œuvrant uniquement à sa lumière, insérez l'objet en question à l'intérieur d'un petit sachet de tissu rouge. Ajoutez une poignée de poivre, puis, à l'aide d'un feutre rouge, écrivez sur un morceau de papier l'incantation suivante:

Mars, Mars, Mars,
Force et puissance,
Mars, Mars, Mars,
Octroie les faveurs.
Mars, Mars, Mars,
J'emprunte ce que je désire,
Mars, Mars, Mars,
Sois-moi propice de ce fait!

Placez maintenant le morceau de papier à l'intérieur de la pochette de tissu et fermez-la bien. Posez les mains au-dessus, répétez trois fois l'incantation (que vous aurez mémorisée) et portez le sachet sur vous avant d'aller demander la permission d'emprunter l'objet que vous désirez.

POUR POUVOIR ALLER À UN PARTY!

Ingrédients et accessoires:

- Une petite bouteille avec son bouchon
- Une tranche de citron
- Du poivre noir
- Un morceau de papier
- Un feutre noir

Rituel:

Bien des parents hésitent à accorder la permission à leurs enfants d'aller dans des fêtes, surtout lorsqu'ils ne connaissent pas vos amis. Néanmoins, vous avez la magie avec vous et, encore une fois, vous avez le pouvoir de changer les choses. Prenez une bouteille vide et allez là où il y a un cours d'eau. Lorsque vous l'aurez trouvé, déposez votre matériel sur le sol et commencez par inscrire le nom de vos parents, au feutre noir, sur un morceau de papier. Tout juste en dessous, ajoutez:

> (Dites votre nom) *reçoit la permission d'aller au party de* (dites le nom de votre ami).
>
> *Je suis libre d'y aller à ma guise et de m'amuser,*
>
> *Je suis libre et sans restrictions comme l'eau d'une rivière.*

Roulez ensuite le billet sur lui-même et insérez-le dans la bouteille. Ajoutez-y le jus d'une tranche de citron ainsi qu'une pincée de poivre. À présent, tenez la bouteille dans la main droite et trempez-la dans l'eau de manière à la remplir, et ressortez-la aussitôt pleine. En accomplissant cette action, récitez l'incantation précédente et placez le bouchon. De retour à la maison, brassez vigoureusement la bouteille en répétant mentalement l'incantation et cachez-la dans un endroit discret. Le moment venu, faites votre demande.

POUR POUVOIR FAIRE UN PARTY CHEZ SOI!

Ingrédients et accessoires:

- Une bouteille avec un bouchon
- Une tranche d'orange
- Du poivre de Cayenne
- Un morceau de papier
- Un feutre bleu

Rituel:

Ce rituel ressemble de beaucoup au précédent, mais, cette fois-ci, son but est que vous obteniez la permission de faire cette fête chez vous. Prenez une bouteille vide et allez là où il y a un cours d'eau. Lorsque vous l'aurez trouvé, déposez votre matériel sur le sol et inscrivez, à l'encre bleue, le nom de vos parents sur un morceau de papier. Inscrivez ensuite, tout juste en dessous:

> (Dites votre nom) *reçoit la permission de faire un party à la maison.*
>
> *Car je suis libre de m'amuser à ma guise et sans restrictions.*
>
> *Comme l'eau de la rivière qui coule et passe sans s'arrêter,*
>
> *J'ouvre toutes grandes les portes, et on se réjouit de mon bonheur.*

Roulez ensuite le billet sur lui-même et insérez-le dans la bouteille. Ajoutez-y le jus d'une tranche d'orange ainsi qu'une pincée de poivre de Cayenne. À présent, tenez la bouteille dans la main droite et trempez-la dans l'eau de manière à la remplir, et ressortez-la aussitôt pleine. En accomplissant cette action, récitez l'incantation précédente et placez le bouchon. De retour à la maison, brassez vigoureusement la bouteille en répétant mentalement l'incantation et cachez-la dans un endroit discret. Le moment venu, faites votre demande.

POUR OBTENIR PLUS DE PERMISSIONS

Ingrédients et accessoires:

- Deux bougies blanches
- Un cristal de quartz
- Une photographie
- Une petite boîte
- Du sucre
- Du sel

Rituel:

Si vous trouvez qu'il est difficile d'obtenir des permissions, essayez ce rituel qui devrait vous donner un bon petit coup de pouce! Prenez deux bougies blanches et, à l'aide de la pointe d'un cristal de quartz, gravez-y le nom des vos parents (si vous êtes issu d'une famille monoparentale, une seule bougie suffit). Allumez-les et placez-les de chaque côté de votre autel ou de votre espace de travail, la petite boîte reposant au centre, entre les deux. Prenez maintenant une photographie de vos parents et placez-la à l'intérieur de la boîte, puis versez sur la photographie une poignée de sucre en disant:

Je suscite maintenant les sentiments permissifs de mes parents,

Afin que toutes mes requêtes me soient accordées sur-le-champ.

Déposez le cristal de quartz au-dessus du sucre et refermez la boîte. Avec le sel, tracez un cercle autour de la boîte dans le sens des aiguilles d'une montre en disant:

Je scelle de ce cercle les sentiments permissifs,
Mes parents m'accordent toutes mes requêtes,
qu'il en soit ainsi!

Concentrez-vous à présent sur le fait que vous aurez plus de liberté, imaginez vos parents accéder à toutes vos demandes, etc. Après une petite méditation, quittez votre pièce de travail et laissez les bougies brûler jusqu'au bout. Rangez ensuite la boîte dans un endroit discret. Lorsque vous aurez une demande à faire, prenez le cristal de quartz dans votre main droite, faites votre demande et, une fois cela fait, allez le remettre à sa place dans la boîte.

POUR OBTENIR UNE FAVEUR TRÈS SPÉCIALE

Ingrédients et accessoires:

- Trois bougies dorées ou jaunes
- Du basilic
- Trois feuilles de laurier
- Une mèche de vos cheveux

Rituel:

Afin que l'on vous accorde une faveur toute spéciale pour une occasion unique que vous ne voulez absolument pas rater, peu importe les sacrifices que cela pourrait vous coûter, faites ce qui suit. Un dimanche, gravez sur trois bougies dorées le mot *victoire*, que vous disposerez sur votre autel, ou votre espace de travail, formant un triangle, la pointe vers le haut. Ensuite, allumez-les et concentrez-vous sur votre désir le plus intensément possible. Une fois cela fait, placez une feuille de laurier sous chacune des bougies, en disant:

À la première feuille:

> *Que les forces solaires me soient propices et veillent sur moi!*

À la deuxième feuille:

> *Comme je place ce gage pour une victoire toute spéciale.*

À la troisième feuille:

> *Par trois fois trois, j'obtiens ce que mon cœur désire.*

Et pour conclure:

> *Et l'on m'accorde la faveur suivante* (dites ce que vous désirez).

Placez une mèche de vos cheveux au centre du triangle formé par les bougies, puis saupoudrez-la avec une petite pincée de basilic. Ensuite, toujours avec du basilic, tracez un large cercle autour des bougies dans le sens des aiguilles d'une montre.

Reculez de trois pas et contemplez votre autel (ou votre espace de travail); voyez cet assemblage comme un puissant gage de victoire pour l'obtention de votre faveur. Lorsque les bougies se seront complètement consumées, récupérez tous les restes et placez-les dans un sac, et conservez-le jusqu'à ce que votre requête vous soit accordée.

POUR NE PLUS AVOIR À DEMANDER LA PERMISSION

Ingrédients et accessoires:

- Un grand clou rouillé
- Une bougie noire
- Un morceau de papier
- Un feutre noir
- Une pierre

Rituel:

Si, pour une raison quelconque, l'un des rituels précédents venait à échouer, voilà votre chance d'agir afin de ne plus jamais avoir à demander la permission pour quoi que ce soit! Allez dans un champ avec tout votre matériel et allumez une bougie noire. Écrivez sur un morceau de papier une requête au temps présent consistant à ne plus jamais avoir à demander de permission. Appelez ensuite les forces de bannissement pour qu'elles vous aident à chasser de la tête de vos parents l'idée que vous devez toujours demander la permission avant de faire quelque chose. Prenez alors le clou dans votre main gauche et concentrez-vous intensément sur votre demande, comme si elle était déjà réalisée. Levez le clou haut dans les airs et dites avec force et conviction:

Voilà ce qu'il en est, je n'ai plus besoin de demander avant de faire,

Mes parents me voient comme un adulte conscient et mature.

Les demandes de permission sont à présent bannies,

Au loin cette idée est maintenant emportée dans l'oubli!

Visualisez les énergies se condenser dans votre clou pendant encore un moment. Ensuite, à l'aide d'une pierre, clouez le billet de papier sur un arbre en frappant trois coups sur votre clou. Quittez les lieux sans vous retourner.

Chapitre 6

L'école et les études

POUR RÉUSSIR SES ÉTUDES AVEC SUCCÈS

Ingrédients et accessoires:

- Une bougie orange
- Huit noisettes

Rituel:

Allumez une bougie et demandez la présence des puissances mercuriennes.

Je demande aux forces mercuriennes de venir en ces lieux,

Car de parfaire mes études avec succès je suis désireux.

Mercure, sois des plus propices envers celui qui te somme,

Fais de moi un étudiant doué avec les techniques qui sont bonnes.

Disposez huit noisettes devant vous et posez vos mains au-dessus en vous concentrant sur le fait que l'aide de la planète Mercure et de ses intelligences vous est accordée. Faites ensuite couler de la cire sur chacune de celles-ci – le nombre huit correspond à Mercure, tandis que les noisettes favorisent l'activité mentale. Lorsque la cire sera refroidie, portez les noisettes dans votre poche ou dans un petit sachet de tissu orange. Brassez-les dans votre main droite lorsqu'une situation demande un succès immédiat.

POUR RÉUSSIR UN EXAMEN ET LES ÉTUDES

Ingrédients et accessoires:

- Deux bougies orange
- De l'huile de menthe
- Un quartz naturel

Rituel:

Enduisez d'huile de menthe deux bougies orange, allumez les mèches et déposez-les au centre de votre autel ou de votre espace de travail. Avec la même huile, posez une goutte sur votre langue, puis enduisez un cristal de quartz, que vous placerez entre les bougies de façon que la lumière produite par les flammes puisse refléter dessus. Prononcez ensuite l'incantation suivante à voix haute, les mains de chaque côté du quartz:

Je charge ce quartz par le feu de Mercure,
Afin d'enflammer mon esprit de sagesse.
Ce que j'apprends, dans ma mémoire perdure,
Tout ce que je lis, je le retiens avec vitesse.
Mon mental est très rapide et stimulé,
Ce qui est lu est du savoir bien gagné.

Pendant que les bougies brûleront jusqu'au bout et chargeront le quartz, visualisez votre but en y projetant toute l'énergie dont vous disposez. Portez ensuite votre quartz sur vous lorsque vous étudierez et que vous serez en classe – notamment pendant les examens. Bien que ce rituel puisse vous apporter une aide des plus précieuses, vous devrez tout de même faire des efforts personnels!

LA BOULE DE LA RÉUSSITE

Ingrédients et accessoires:

- Huit graines de carvi
- Huit feuilles de menthe
- Quatre aiguilles de pin
- Une petite feuille de papier d'aluminium

Rituel:

Les influences de la planète Mars sont de loin les plus efficaces lorsque l'on doit surmonter et dépasser ses limites personnelles; associées à la présence de Mercure, elles vous procureront tout ce dont vous avez besoin pour réussir. Ainsi, afin de renforcer votre volonté et d'accroître votre intellect, donc vos chances de vaincre les épreuves sur le chemin des études, enveloppez huit graines de carvi, huit feuilles de menthe et quatre aiguilles de pin dans une petite feuille de papier d'aluminium, et ce, un mardi. Tenez le charme dans vos mains et levez-le haut vers le ciel en disant:

Voici un gage d'ingrédients favorisant la réussite,
Et j'obtiens maintenant la chance subite.
Par cette boule magique que je porterai sur moi,
Tout ce que j'entreprendrai réussira, tel soit!

Portez ce charme du succès sur vous lorsque vous aurez besoin de la force nécessaire pour surmonter les obstacles qui se dresseront sur la voie de votre réussite.

TONIQUE POUR LA MÉMOIRE

Ingrédients et accessoires:

- Trois bougies orange
- De l'origan
- Des feuilles de peuplier
- Un bol de bois

Rituel:

Un mercredi matin, installez-vous confortablement dans une pièce où vous ne serez pas dérangé et allumez trois bougies orange. Méditez sur les capacités de mémorisation que vous désirez développer. Prenez ensuite une quantité raisonnable d'origan et de feuilles de peuplier, réduisez le tout en poudre et placez ce mélange dans un bol de bois. Dites ensuite, tout en étant concentré:

Afin de stimuler ma mémoire, je fais ce tonique,
Ainsi mes capacités de mémorisation seront dynamiques.

Lorsque vous aurez terminé, déposez votre bol sur le rebord de la fenêtre de votre chambre, de façon que vous puissiez l'apercevoir avant de vous mettre au lit et en vous levant. Tous les matins et soirs, répétez la phrase précédente alors que vous plongerez vos mains dans le bol pour vous les frotter de ces herbes.

POUR FAVORISER UN ESPRIT CRÉATEUR

Ingrédients et accessoires:

- De la cannelle
- De la menthe
- De l'origan
- Un bol
- Un sachet de tissu orange

Rituel:

Pour renforcer vos facultés créatrices et chasser les pensées non constructives, versez des parts égales de cannelle, de menthe et d'origan réduites en poudre dans un bol. Brassez le mélange huit fois dans le sens des aiguilles d'une montre en disant:

Cannelle, menthe et origan,
Faites de moi un être brillant.
Apportez-moi l'énergie créatrice,
Et un esprit utilisant toutes les malices.

Déposez le bol à l'endroit où vous faites vos études, en demandant de la créativité et de l'inspiration. Lorsque vous aurez besoin d'un regain d'inspiration, portez le bol près de votre visage et humez ce pot-pourri. Si, par contre, votre travail s'effectue en dehors de votre demeure, placez une quantité de ce mélange dans un sachet de tissu orange et conservez-le sur vous pour bénéficier de son influence.

POUR LA CONCENTRATION

Ingrédients et accessoires:

- De l'essence d'amande
- Du jus de citron
- Des feuilles de menthe
- Deux bougies jaunes
- 60 ml (¼ tasse) d'huile d'olive vierge
- Un contenant avec son couvercle

Rituel:

Allumez vos deux bougies jaunes et versez l'huile d'olive vierge dans votre contenant en vous concentrant et en demeurant calme et détendu. Lorsque vous serez prêt, versez de l'essence d'amande dans l'huile et dites:

Huile de concentration, je te crée à mon attention,

Chez la personne qui t'utilisera, son esprit tu ouvriras.

Mélangez la mixture avec l'index de votre main droite pendant un petit moment et, lorsque vous vous sentirez prêt, ajoutez le jus de citron à l'huile en disant:

Huile de concentration, je te crée à mon attention,

Sur la bougie où je te répandrai, tu ouvriras ma psyché!

Continuez à mélanger avec votre index et, peu après, ajoutez les feuilles de menthe en disant:

Huile de concentration, apporte-moi toute l'attention,

Là où tu seras frottée, deviens l'extension de ma raison.

Méditez quelques instants sur les facultés que vous avez apportées à l'huile et, quand vous aurez terminé, concluez en éteignant les bougies. Laissez reposer votre huile pendant environ une lunaison (plus ou moins une trentaine de jours).

POUR S'EXPRIMER PLUS FACILEMENT LORS D'UN EXAMEN ORAL

Ingrédients et accessoires:

- Une bougie jaune
- Un morceau de papier
- De l'encre ou un feutre jaune
- Du miel

Rituel:

Si vous avez à subir prochainement un examen oral et que cela vous inquiète, commencez par vous placer face à l'est, puis tracez le symbole de l'élément air sur un morceau de papier (un triangle équilatéral pointant vers le haut avec une ligne horizontale le traversant) à l'aide d'une encre ou d'un feutre jaune. Allumez ensuite une bougie jaune et placez-la au centre du symbole en disant:

Puisse l'élément de l'air se manifester,
Afin de m'aider à mieux m'exprimer.

Concentrez-vous et imaginez que vous êtes enveloppé dans une sphère jaune extrêmement brillante, presque translucide. Voyez cette lumière vous transpercer de part en part; ressentez les qualités de l'élément air. Comme cette lumière pénètre votre corps, imaginez qu'elle y demeure. À ce moment-là, prenez une cuillerée de miel et touchez le symbole de l'air, juste devant la bougie, et dites:

Comme la douceur de ce miel, ainsi afflueront les paroles justes,

Avec aisance les qualités d'orateur se manifestent à travers moi.

Laissez le miel fondre doucement dans votre bouche alors que vous continuerez de visualiser la sphère jaune tout autour de vous et en vous, elle qui, maintenant, vous transmet cette facilité d'expression. Bonne chance!

POUR MANIPULER SON ENSEIGNANT!

Ingrédients et accessoires:

- Une bougie jaune
- Une bougie brune
- Des clous de girofle
- Du poivre noir
- Une pastille de charbon (ou du bran de scie)
- Un ruban noir
- Un bol d'eau
- Un objet appartenant à votre enseignant

Rituel:

Pour manipuler les pensées de votre enseignant et gagner un certain contrôle sur ce dernier, allumez une bougie jaune sur laquelle vous aurez déjà gravé les mots *facultés mentales soumises*, et une brune sur laquelle sera gravé *contrôle sur* (écrivez le nom de l'enseignant). Ensuite, sur une pastille de charbon (ou sur du bran de scie), faites brûler un mélange de clous de girofle et de poivre noir, puis versez-le dans un bol contenant une petite quantité d'eau. Brassez bien afin d'obtenir une pâte. Sur le ruban, écrivez le nom de l'enseignant et trempez-le dans le bol afin que la pâte puisse y adhérer convenablement. Attachez le ruban au centre de la bougie brune en disant:

> *Toi,* (dites le nom de l'enseignant), *tu es sous mon contrôle,*
>
> *À ma volonté tu es désormais soumis.*
>
> *En pensées, en actes et en paroles, je te contrôle,*
>
> *Sous mon emprise, tu es! Qu'il en soit ainsi!*

Si vous avez été en mesure d'obtenir un objet ayant appartenu à votre enseignant, vous devrez alors le passer dans le bol, puis l'attacher avec le ruban sur la bougie brune. Visualisez maintenant qu'il est sous votre emprise, voyez-le agir comme vous le désirez, poursuivez ainsi jusqu'à ce que la bougie consume complètement le ruban. Laissez alors la bougie jaune à elle-même et éteignez la brune pour ensuite vous rendre dans un terrain vague. Lorsque vous y trouverez un arbre convenable, attachez la bougie à l'une des branches en disant:

> (Dites le nom de l'enseignant), *te voilà sous mon emprise!*
>
> *Tu es maintenant ma poupée, car je tire dès cet instant tes ficelles!*
>
> *Tes capacités d'agir sont suspendues, comme cette branche déchue!*

Quittez les lieux. Pour renverser ce rituel, détachez la bougie et faites-la brûler.

UN ESPRIT FERTILE SE PORTE TOUJOURS MIEUX!

Ingrédients et accessoires:

- Une bougie mauve
- Une magnétite
- Un pentacle

Rituel:

Une nuit de pleine lune, allumez une bougie mauve, puis passez la magnétite au-dessus de la flamme à treize reprises. Une fois cela fait, levez-la en direction de la lune en disant, le regard posé sur l'astre lunaire:

Intelligences lunaires, vibrez votre pouvoir sur cette pierre,

Par vos vertus en cette nuit de pleine lune, entendez ma prière.

Je demande à ce que ce gage argenté devienne un réceptacle,

Pour un esprit fertile et vivifié magiquement par le pentacle.

Posez ensuite votre pierre sur un pentacle (une étoile à cinq branches entourée d'un cercle, et tracée à l'encre noire sur une feuille de papier) de manière que les rayons lunaires puissent agir directement sur celui-ci. Lorsque la bougie sera entièrement consumée, récupérez votre pierre, conservez-la sur vous le jour, et placez-la sous votre oreiller la nuit lorsque vous allez dormir.

Chapitre 7

Le travail

INCANTATION POUR TROUVER SON PREMIER EMPLOI

Ingrédients et accessoires:

- Aucun

Rituel:

Le soir, au clair de lune, adressez-vous au ciel en croyant très fort que votre incantation sera entendue et exaucée:

Grand Ciel, grands Maîtres, vous tous, je demande à obtenir un emploi digne de mes compétences dans lequel je saurai apprendre à travailler et à obtenir la valorisation de mes supérieurs. Ma requête concerne une noble cause et je vous prie de plaider en ma faveur. Je promets que je saurai me montrer à la hauteur des exigences et que, par vous, je serai celui qui accomplira des merveilles.

Je demande, en cette nuit, que vous m'aidiez. Avec vous je suis celui qui est, celui qui agit, merci.

Répétez cette incantation trois fois.

POUR TROUVER L'EMPLOI QUI VOUS CONVIENT GRÂCE À L'ÉRABLE

Ingrédients et accessoires:

- Quatre feuilles d'érable

Rituel:

Afin d'être en mesure de trouver le bon emploi, allez en pleine nature et trouvez un grand érable, si possible loin des regards indiscrets. Asseyez-vous devant lui et posez vos mains contre son tronc. Contemplez-le, puis adressez-vous à lui:

> *Érable si beau et si grand, toi qui puises à même le ciel et la terre,*
>
> *Je te demande, mon cher ami, de me venir en aide aujourd'hui.*
>
> *Je demande à travailler et à être dans l'action concrète,*
>
> *Voilà pourquoi en toi j'ai foi pour obtenir cette requête.*
>
> *Aide-moi à mettre un terme à ma quête du parfait emploi,*

Et avec l'aide de tes racines, dirige mes pas au bon endroit.

Fermez ensuite les yeux et demeurez dans le silence afin d'obtenir l'inspiration et les vibrations positives de l'arbre, votre complice. Lorsque vous mettrez un terme à cette méditation, relevez-vous et récupérez quatre feuilles, puis emportez-les avec vous dans votre demeure. Le soir, avant de vous coucher, placez les feuilles à chaque point cardinal de votre lit. L'érable vous donnera l'inspiration et la force nécessaires pour trouver ce dont vous avez véritablement besoin.

POUR RÉUSSIR UNE ENTREVUE IMPORTANTE

Ingrédients et accessoires:

- Deux bougies vertes
- Un morceau de papier
- Un crayon noir

Rituel:

La veille d'une entrevue cruciale pour l'obtention d'un emploi, allumez deux bougies vertes et concentrez-vous quelques minutes sur l'entreprise pour laquelle vous avez postulé un emploi. Prenez ensuite le crayon et inscrivez le titre du poste que vous désirez décrocher (ou les tâches à accomplir), et dites:

Dieux des accomplissements, voici mon but présent,

Aidez-moi à réussir cette entrevue sans souffrir.

Aidez-moi à décrocher mon emploi si escompté,

Afin que je puisse m'en retourner en portant les lauriers!

Concentrez-vous sur l'emploi demandé, et inscrivez l'heure de votre rendez-vous sur le morceau de papier tout en disant:

Voici le moment important, l'heure où je répondrai

Sans hésiter aux questions qui me seront posées.

Dieux des accomplissements, voici mon but présent,

Aidez-moi à accomplir cette entrevue sans souffrir.

De moi-même, faites ressortir ce qui est le meilleur,

Et mon emploi rêvé, je l'obtiendrai sur l'heure!

Prenez le morceau de papier et rendez-vous sur le terrain de l'entreprise pour laquelle vous voulez travailler. Enterrez le billet de papier le plus près possible de l'entrée principale, et laissez votre charme travailler pour vous durant toute la nuit.

POUR SE FAIRE REMARQUER AU TRAVAIL

Ingrédients et accessoires:

- Une branche de cèdre
- Du fil jaune

Rituel:

Munissez-vous d'une branche de cèdre que vous aurez ramassée un dimanche, à midi précis. Placez-la dans votre chambre à coucher et, tous les matins en vous levant, adressez-vous à votre branche en lui disant:

Cèdre, mon ami, toi qui demeures là dans le silence,

Aide-moi, je t'en prie, à me faire remarquer au travail.

Aide-moi de sorte que le ciel m'accorde sa clémence,

Apporte-moi tous les honneurs et toutes les médailles.

Le dimanche suivant, toujours à midi, prenez du fil jaune et commencez à l'enrouler tranquillement autour de la branche en vous concentrant sur votre besoin. Avec toute la force de votre concentration, imaginez, à chaque tour que vous ferez, que vous attirez vers vous tous les honneurs et toutes les récompenses. Voyez-vous comme étant une personne importante dans votre milieu, respectée de tous. Au cours de la semaine suivante (jusqu'au dimanche), continuez à réciter l'incantation à votre lever. Le dimanche suivant, donc, toujours à la même heure, rendez-vous en pleine nature, dans un endroit où vous vous sentez bien, et plantez votre branche dans le sol. Retournez méditer à cet endroit si le besoin se fait ressentir.

POUR ÊTRE DANS LES BONNES GRÂCES DE SON EMPLOYEUR

Ingrédients et accessoires:

- Une bougie blanche
- Une bougie verte
- Du basilic
- Des pelures d'orange
- Des pétales de rose
- Un morceau de papier
- Un sachet de tissu blanc
- Du fil blanc

Rituel:

Afin d'être dans les bonnes grâces de votre employeur, gravez votre nom sur une bougie blanche, et celui de votre patron sur une bougie verte. Placez-les au centre de votre autel (ou de votre espace de travail) à environ 30 cm (12 po) l'une de l'autre. Allumez-les et préparez un mélange composé de basilic, de pelures d'orange ainsi que de pétales de rose. Placez les ingrédients un à un dans un bol, en répétant chaque fois:

> *La bonté pour mon nom t'appelle et t'invite,*
>
> *Et jamais plus tu ne craindras ma réussite.*
>
> (Dites le nom de votre employeur), *tu es juste et honnête envers moi,*
>
> *Dans tes bonnes grâces je suis, tel soit!*

Écrivez maintenant cette même incantation sur un morceau de papier et signez votre nom. Concentrez-vous sur votre désir pendant que brûleront les bougies, puis, après une dizaine de minutes, éteignez-les. Le lendemain, rallumez-les et rapprochez-les l'une de l'autre, tout en répétant l'incantation et en méditant à nouveau sur votre désir. Le troisième jour, collez les bougies, récitez l'incantation et brûlez le morceau de papier. Placez les cendres dans le sachet de tissu et refermez-le avec du fil blanc. À votre prochaine journée de travail, dissimulez votre charme dans le bureau de votre patron.

POUR INFLUENCER ET MANIPULER SON EMPLOYEUR

Ingrédients et accessoires:

- Une bougie noire
- Un clou
- Des grains de café
- Du poivre
- Des clous de girofle
- Un bol

Rituel:

Si, pour une raison quelconque, votre supérieur est toujours sur votre dos et qu'il ne cesse de vous surveiller et de commenter tout ce que vous faites par simple plaisir de vous mettre mal à l'aise, faites le rituel suivant. Une nuit de samedi, prenez une bougie noire et gravez-y le nom de votre patron à l'aide d'un clou. Allumez ensuite la bougie. Munissez-vous d'un bol et versez-y, en quantités égales, des grains de café, du poivre et des clous de girofle, tout en vous assurant de bien réduire ces ingrédients en une fine poudre. Lorsque votre composition sera satisfaisante, posez vos mains au-dessus et récitez cette conjuration pendant cinq minutes afin de la charger de puissance:

Par les pouvoirs que je possède, par la magie de mes ancêtres,

Je lance un charme sur cette mixture afin que rien ne perdure.

Que mon employeur du nom de (dites son nom) *agisse à ma guise,*

Par un envoûtement de poudres mystiques que je déguise.

Mon influence sera telle que je serai en plein contrôle

Ris pour l'instant, mais bientôt tu ne trouveras plus ça drôle!

Placez votre poudre dans un contenant de verre et amenez-la avec vous lors de votre prochaine journée de travail. Une fois sur les lieux, saupoudrez votre mixture près de votre poste de travail et, si possible, dans le bureau de votre supérieur.

POUR FAVORISER UNE AUGMENTATION

Ingrédients et accessoires:

- Une bougie bleue
- Un objet pointu
- Du fenouil
- Un morceau de papier
- Un feutre bleu
- Un sac de tissu bleu
- Du fil bleu

Rituel:

Prenez une bougie bleue et gravez-y, à l'aide d'un objet pointu, la phrase suivante: *Jupiter, accorde-moi une augmentation.* Allumez ensuite la bougie et retranscrivez la même phrase sur un morceau de papier avec un feutre bleu. Prenez une bonne poignée de fenouil et tracez un cercle autour du papier, lequel sera posé à plat devant l'unique bougie de ce rituel. Faites un second cercle, celui-ci autour de la bougie, puis saupoudrez-en légèrement sur le dessus de votre tête. Méditez alors sur votre augmentation, imaginant par exemple votre employeur en train de vous émettre un chèque. Lorsque votre concentration commencera à faiblir, quittez la pièce et laissez les bougies se consumer. Lorsqu'il n'en restera plus rien, récupérez les restes de cire, les cercles de fenouil ainsi que le morceau de papier, et placez le tout dans un sachet de tissu bleu. Nouez-le solidement avec du fil de même couleur. Portez ce charme sur vous en tout temps lorsque vous serez au travail et, surtout, si vous êtes en présence de votre patron. Si vous décidez de demander verbalement cette augmentation, assurez-vous de laisser discrètement le charme dans le bureau de votre supérieur.

POUR FAIRE TRAVAILLER LES AUTRES À SA PLACE

Ingrédients et accessoires:

- Du poivre de la Jamaïque
- De la cannelle
- Des clous de girofle
- Du gingembre
- Des pelures d'orange et de citron

Rituel:

Ce rituel pourra être pratiqué lorsque vous aurez un travail à accomplir que vous aimeriez que quelqu'un d'autre exécute. De plus, ce sortilège favorisera plus d'autorité et plus de respect de la part de vos supérieurs et collègues de travail. Un mardi, mélangez tous les ingrédients (à parts égales) dans un bol et réduisez-les en une fine poudre que vous verserez dans un flacon et que vous apporterez avec vous au travail. Répandez-en alors autour de votre bureau ou de votre poste de travail.

POUR AVOIR LE CONTRÔLE SUR LES AUTRES EMPLOYÉS

Ingrédients et accessoires:

- Une bougie violette
- Un objet appartenant à la personne à contrôler
- Une ficelle

Rituel:

Prenez un objet appartenant à la personne que vous souhaitez contrôler et placez-le devant une bougie violette allumée. Prenez ensuite une ficelle et enroulez-la autour de votre index, tout en vous concentrant sur cette personne et en fixant l'objet posé sur votre autel en face de vous. Plus vous serez concentré, plus vous devrez serrer la ficelle avec force. Lorsque votre concentration commencera à faiblir, prenez l'objet et, à l'une de ses extrémités, faites treize nœuds bien comptés en disant:

> (Dites le nom de la personne), *toi qui travailles à mes côtés,*
>
> *Je te contrôle maintenant par cette corde ainsi nouée.*
>
> *Ce que je déciderai, désormais tu devras exécuter.*
>
> *En mon pouvoir tu es, telle est ma volonté exaucée!*

Suspendez votre charme dans un endroit sombre et connu de vous seul. Chaque fois que vous voudrez donner un ordre à cette personne, tenez l'objet suspendu par la corde et répétez l'incantation précédente en terminant par l'ordre de votre choix.

POUR TRAVAILLER PLUS RAPIDEMENT

Ingrédients et accessoires:

- Aucun

Rituel:

Dites trois fois cette phrase:

VOLTRIJ PACEMUND

POUR NE PAS PERDRE VOTRE EMPLOI

Ingrédients et accessoires:

- Une bougie noire ou grise
- Du poivre
- Du vinaigre
- Une petite fiole
- Un petit morceau de papier
- Un feutre noir

Rituel:

Allumez une bougie noire ou grise, laquelle sera placée au centre de votre autel ou de votre espace de travail. Prenez ensuite un morceau de papier blanc et tracez le carré magique suivant avec un feutre noir, avant de le déposer devant la bougie.

G	A	R	D	E
A				D
R				R
D				A
E	D	R	A	G

Glissez le papier dans la fiole, puis remplissez-la au dixième de sa capacité avec du poivre; ajoutez ensuite du vinaigre pour remplir le tout et bouchez votre fiole hermétiquement. Prenez-la maintenant dans votre main gauche et brassez son contenu énergiquement pendant que vous prononcerez ces mots:

Par cette mixture en cette nuit préparée,
Mon emploi coûte que coûte je garderai.
Car là où maintenant je te jette,
Ma volonté sera ainsi faite!

Portez la fiole sur vous en tout temps au travail et assurez-vous de répandre un peu de son contenu aux alentours du lieu où vous avez l'habitude de travailler.

POUR RECEVOIR LE COUP DE TÉLÉPHONE ATTENDU!

Ingrédients et accessoires:

- Un morceau de papier
- Une aiguille

Rituel:

Prenez un morceau de papier et écrivez-y le nom de la personne ou de l'entreprise en demi-cercle deux fois de façon que les lettres se rejoignent aux deux bouts (le tout formant un cercle). Pendant que vous écrivez les lettres une à une, concentrez-vous sur votre désir qu'on vous appelle. Prenez ensuite une aiguille et piquez-la au centre du cercle formé par les noms, tout en poursuivant votre visualisation. Déposez le charme près du téléphone et attendez. Selon l'effort que vous aurez fourni, l'appel peut venir dans les minutes ou les jours suivants.

Chapitre 8

L'argent

FINANCES PROSPÈRES

Ingrédients et accessoires:

- Une bougie bleue

Rituel:

Une nuit de jeudi, lorsque la lune sera croissante, munissez-vous d'une bougie bleue pour représenter les forces jupitériennes. À l'aide d'une aiguille, gravez le long de la bougie votre nom ainsi qu'un mot qui évoque en vous la notion de finances prospères. Allumez ensuite la bougie, tenez-la dans votre main droite et serrez-la fermement jusqu'à ce que vous commenciez à sentir votre pouls au bout de vos doigts. Ce signal indiquera que vos intentions sont bien ancrées dans la bougie. Puis projetez mentalement votre désir de façon très intense en répétant cette incantation:

C'est par cette bougie que Jupiter entre en force
Afin de favoriser mes avoirs.
Par ce charme, j'obtiens richesses et abondance,
L'argent emplit mes poches avec cet augure de chance.

Concentrez-vous sur votre désir et lorsque votre concentration commencera à faiblir, éteignez la flamme entre votre pouce et votre index. Répétez ce rituel pendant les six jours suivants, jusqu'à ce que la bougie se soit entièrement consumée.

LA LETTRE VERTE

Ingrédients et accessoires:

- Une bougie verte
- Une feuille de papier
- Une enveloppe
- Un feutre vert

Rituel:

Un jeudi soir, asseyez-vous derrière votre autel ou votre espace de travail à la lueur d'une seule bougie verte. Concentrez-vous pendant un long moment sur vos besoins financiers et sur ce que vous désirez obtenir, pour autant que cela soit bien réaliste. Par la suite, lorsque vos pensées seront claires, écrivez cette liste en demandant à la divine Providence de vous prêter assistance dans votre requête. Quand la liste sera terminée, récitez-la à quinze reprises, en élevant le ton de votre voix chaque fois – vous la chargerez ainsi de votre volonté et elle acquerra une énergie magique. Glissez-la ensuite à l'intérieur d'une enveloppe et récitez ce charme:

Cette liste est le miroir de ce que je désire,
De ce qui m'est nécessaire pour survivre.
Alors que je posterai ceci pour mon bien,
J'assurerai du coup mes finances en retour.

Postez la lettre à votre intention et, lorsqu'elle vous reviendra, vous devriez avoir reçu l'objet de votre requête.

LES TROIS BRANCHES DE JUPITER

Ingrédients et accessoires:

- Trois branches d'érable
- Une corde bleue
- Une pastille de charbon (ou du bran de scie)
- Une bougie bleue

Rituel:

Une nuit de jeudi, lorsque la lune sera croissante, déposez sur votre autel – ou votre espace de travail – trois branches d'érable. Allumez ensuite une bougie bleue et la pastille de charbon (ou enflammez le bran de scie) dans un récipient à l'épreuve de la chaleur. Faites brûler une branche sur les braises et concentrez-vous sur la prospérité financière ou sur une somme d'argent, par exemple. Puis prononcez cette incantation:

Par les auspices jupitériens et par cette fumigation,

Par les bonnes vibrations matérielles positives,

J'attire à moi l'argent de toutes les façons,

Et l'argent me provient assurément et vitement.

Dirigez-vous ensuite dans la salle de bain et remplissez la baignoire à mi-capacité d'eau froide. Jetez une deuxième branche dans l'eau et apposez-y vos mains au-dessus en vous concentrant sur votre besoin financier – au besoin, répétez l'incantation précédente à plusieurs reprises pour vous aider à maintenir votre concentration. Entrez dans l'eau et imaginez que votre corps subtil absorbe la charge de l'eau, vous transmettant ainsi les bonnes vibrations. Au bout de quelques minutes, sortez de l'eau, allez dans votre pièce de travail et prenez la troisième branche d'érable. Passez-la au-dessus de la flamme de la bougie et récitez de nouveau l'incantation. Attachez finalement une corde bleue à cette branche et suspendez- la au-dessus de votre porte d'entrée. L'argent devrait vous parvenir au cours des prochains trente jours.

LA POUDRE DE MATÉRIALISATION

Ingrédients et accessoires:

- Deux grands bols
- Une cuillère de bois
- Un tamis
- Du fenouil
- Du thym
- Du pissenlit

Rituel:

Ce charme consiste à préparer une poudre de matérialisation afin de voir un souhait d'ordre financier ou matériel se concrétiser dans l'immédiat. Travaillez lorsque la lune sera croissante – ou décroissante si vous souhaitez vous débarrasser de dettes, par exemple. Placez tous les ingrédients, à parts égales, réduits en poudre, dans un des bols. Remuez-les avec une cuillère de bois et continuez à mélanger jusqu'à l'obtention d'un mélange homogène. Filtrez ensuite à l'aide d'un tamis au-dessus du second bol. Vous obtiendrez ainsi une poudre très fine. Prenez votre poudre à souhait et trouvez une petite clairière tranquille – ou un espace discret dans un parc. Puis prenez une poignée de poudre et psalmodiez les paroles suivantes:

Eurus, Notus, Zephyrus, Boreas,
Chefs des quatre vents, je vous conjure!
Portez mon souhait et matérialisez-le!

Maîtres des vents, je vous confie la tâche de (décrivez votre souhait).

Vous devez toujours être très clair au sujet de ce que vous souhaitez et sur la façon dont vous voulez l'obtenir. Une fois cela fait, dispersez votre poudre aux quatre vents et laissez-les emporter votre souhait afin qu'il se réalise!

LA TRAPPE D'ARGENT

Ingrédients et accessoires:

- Une bougie verte
- Un bol
- Une cuillère de bois
- Trois pièces de monnaie
- Du fenouil
- De la cannelle

Rituel:

Faites ce charme la nuit de la veille de la nouvelle lune. Sur votre autel, ou votre espace de travail, allumez une bougie verte et placez-y un bol ainsi qu'une cuillère de bois. Mélangez dans le bol 5 ml (1 c. à thé) de fenouil et 5 ml (1 c. à thé) de cannelle. En mélangeant ces ingrédients, pensez au montant d'argent que vous désirez obtenir (de grâce, soyez raisonnable!). Concentrez-vous sur cette somme, tout en prenant vos trois pièces de monnaie que vous lancerez dans les airs et laisserez retomber jusqu'à ce que vous obteniez un pile et deux faces. Une fois cela fait, placez les pièces de monnaie et la poudre dans un vieux sac à main ou portefeuille et secouez-le en chantant:

Poudre d'attraction, amène-moi l'abondance,

Maintenant j'ai de la chance dans mes finances.

Rangez le sac (ou le portefeuille) à l'endroit où vous rangez tous vos documents financiers.

POUR ATTIRER L'ABONDANCE

Ingrédients et accessoires:

- Une branche d'érable
- Des feuilles d'érable sèches
- Une ficelle bleue
- Une pastille de charbon (ou du bran de scie)

Rituel:

Prenez une branche de bois d'érable de la longueur de votre avant-bras et déposez-la sur votre autel. Allumez une pastille de charbon ou enflammez du bran de scie, puis jetez-y quelques feuilles d'érable sèches. Prenez ensuite la ficelle bleue et nouez l'une de ses extrémités à l'un des bouts de la branche. Concentrez-vous sur le montant d'argent que vous désirez obtenir ou sur une idée précise d'abondance matérielle et financière, tout en commençant à enrouler la ficelle très serrée autour de la branche, vers la droite. Pendant cette gestuelle, pensez très fortement à votre désir et récitez un chant que vous aurez composé signifiant votre désir de fortune. Lorsque vous aurez passé environ quinze minutes à enrouler la ficelle autour de la branche d'érable, nouez l'autre extrémité et passez le tout dans la fumée qui se dégage devant vous. Conservez cette branche dans votre demeure: elle vous rendra très prospère.

POUR VOUS DÉBARRASSER DE VOS DETTES

Ingrédients et accessoires:

- Une clé de fer
- Deux petits os
- Une bougie noire

Rituel:

Pendant la pleine lune, prenez une vieille clé de fer et deux petits os, et rendez-vous à une croisée de chemins, à minuit précise. Déposez la clé au milieu du carrefour par-dessus les os que vous aurez disposés en forme de croix dans le silence le plus total. Reculez ensuite de trois pas. Allumez une bougie noire et posez-la à vos pieds. Récitez mentalement l'incantation suivante, avant de la répéter à voix basse:

Maître des Carrefours, Grand Esprit connu sous plusieurs noms,

Ayez pitié de moi, votre humble serviteur qui vous offre ce gage.

Accordez-moi la chance de déverrouiller mon futur financier,

Et soyez-moi propice dans toutes mes actions financières.

Quittez aussitôt les lieux sans vous retourner.

POUR LA PROSPÉRITÉ

Ingrédients et accessoires:

- Une pierre d'œil-de-tigre

Rituel:

La pierre d'œil-de-tigre est reconnue pour vous aider à retrouver les choses égarées ou perdues. Prenez donc cette pierre dans votre main droite et récitez cette incantation, tout en marchant en cercle (dans le sens des aiguilles d'une montre) dans votre pièce de travail:

Perdu et retrouvé, loin et égaré maintenant récupéré,

Œil-de-tigre, regard perçant, montre-moi le chemin,
Afin de retrouver la prospérité jadis perdue,
Pour que tout redevienne comme dans les beaux jours.
Ainsi je serai mieux, ainsi je serai heureux!
Telle soit cette destinée que je fais mienne.
VORTISU PE!
VORTISU PE!
VORTISU PE!

Chapitre 9

La santé

L'ANNIHILATION DES DOULEURS PAR LA CROIX

Ingrédients et accessoires:

- Une bougie blanche
- Du basilic
- De la sauge
- Un zeste d'orange

Rituel:

Si une personne dans votre entourage est affligée par la maladie ou souffre de douleurs, et que vous désirez simplement lui venir en aide, faites ce rituel. Allumez une bougie blanche sur laquelle vous aurez gravé votre nom ou celui de la personne visée et roulez-la dans une mixture composée de sauge, de basilic et d'un zeste d'orange.

Répétez ensuite cette incantation à trois reprises, en traçant un signe de croix à chaque +:

Et ces signes + devront suivre ceux qui croient en l'Esprit

Ils chasseront les démons + et parleront de nouvelles langues.

Et s'ils boivent ce qui est mortel +, ils n'auront mal,

Ils poseront les mains sur les malades + et se relèveront + + +.

Au nom de l'Esprit + + +, qu'il en soit ainsi!

POUR OUVRIR LA VOIE À LA GUÉRISON

Ingrédients et accessoires:

- Une gousse d'ail
- Un petit oignon
- Un chaudron
- Trois feuilles de menthe
- Trois feuilles de laurier
- Une fiole de verre
- De l'eau de source
- Une cuillère de bois

Rituel:

Un dimanche, prenez tous les ingrédients et placez-les sur votre autel ou sur votre espace de travail. Pour commencer, écrasez un petit oignon et une gousse d'ail de façon à obtenir une purée. Placez ensuite celle-ci dans un chaudron propre, puis ajoutez-y trois feuilles de menthe ainsi que trois feuilles de laurier. Ajoutez un litre (4 tasses) d'eau de source et portez le tout à ébullition. Brassez votre mixture avec une cuillère de bois, tout en récitant cette incantation:

Grâce aux influences bénéfiques du soleil,
Grâce à sa lumière favorisant la santé,
Des rayons célestes purs de guérison,
Je conserverai ces énergies dans un flacon.

Dès que l'eau sera à ébullition, fermez le feu et laissez la composition refroidir. Transvidez par la suite votre mixture dans une petite fiole de verre et refermez-la hermétiquement. Il ne vous restera plus qu'à porter le charme sur vous ou à l'offrir à une personne malade et dans le besoin.

LA SANTÉ, JE LA PORTE SUR MOI!

Ingrédients et accessoires:

- Une bougie blanche
- Du basilic
- Des graines de sésame
- Une pochette de tissu
- Du fil blanc

Rituel:

Allumez une bougie blanche et concentrez-vous sur la personne malade (ou vous-même) pour attirer les vibrations de guérison. Lorsque vous serez prêt, prenez une pincée de basilic et pensez fortement à ses propriétés bénéfiques, puis dites:

Dieux de la santé, Dieux de grande bonté,
Chargez cette herbe de vos pouvoirs estimés.

Déposez ces herbes dans la pochette de tissu. Prenez maintenant une bonne pincée de graines de sésame et concentrez-vous comme vous l'avez fait précédemment. Pensez fortement aux propriétés curatives du sésame, puis dites:

Dieux de puissance, Dieux de la force,
Chargez ce gage pour une santé de colosse.

Déposez ensuite les graines dans la pochette de tissu et cousez-la solidement avec du fil blanc. Éteignez la bougie et remerciez les déesses et les dieux pour leur aide. La pochette de santé devra être portée par la personne malade pour que celle-ci puisse en ressentir tous les bienfaits.

RITUEL DE MINCEUR ET DE PERTE DE POIDS

Ingrédients et accessoires:

- Une pomme de terre
- Un couteau
- Une mèche de cheveux

Rituel:

Pelez une pomme de terre propre et sculptez-la de façon qu'elle obtienne une apparence humaine, même grossière, à l'image de votre sexe. Cette pomme de terre vous représentera, elle sera l'image par laquelle ce charme s'opérera. Gravez ensuite au dos le nombre de kilos à perdre pour l'obtention de votre poids santé. Placez une mèche de vos cheveux sur la tête de la *sculpture*, puis dites:

Figurine de perte de poids, image intime et personnelle,

Aide-moi à atteindre mes buts pour une silhouette belle.

Concentrez-vous un moment sur ces dernières paroles, puis commencez à sculpter votre silhouette, ôtant ici et là, lentement, des morceaux de pomme de terre partout aux endroits où vous désirez maigrir et raffermir votre corps. Lorsque vous aurez terminé, placez votre charme à un endroit où vous pourrez le voir tous les jours. Conservez votre poupée jusqu'à ce que vous ayez atteint votre but.

POUR COMBATTRE L'INSOMNIE

Ingrédients et accessoires:

- Une tasse de lait chaud
- Une noix de muscade

Rituel:

Pour combattre les insomnies, essayez cette vieille recette qui a fait ses preuves! Le soir, tout juste avant d'aller vous mettre au lit, faites chauffer une tasse de lait chaud dans une casserole et versez le tout dans un verre propre. Saupoudrez de trois pincées de noix de muscade, en disant:

Poudre du sommeil, étoiles de la Voie lactée,
Fermez mes yeux et apportez-moi des songes.
Toutes les insomnies disparaissent dans la nuit,
Enfin un repos bien mérité, qu'il en soit ainsi!

Buvez votre potion d'un trait et laissez votre mixture faire son effet alors que vous irez vous coucher. Ne pensez à rien et essayez de vous endormir. Grâce à cette recette, vous devriez vaincre toutes les insomnies.

SANTÉ PHYSIQUE ET MENTALE

Ingrédients et accessoires:

- Du laurier
- Du persil
- Un bol

Rituel:

Pratiquez ce rituel un dimanche, loin des regards indiscrets et autant que possible en pleine nature si le temps ou la saison le permettent. Posez un bol sur le sol (ou au pied d'un arbre, si vous effectuez le rituel en plein air), et mettez-y une pincée de laurier et une de persil. Concentrez-vous sur vos besoins de bien-être et de santé pendant une bonne quinzaine de minutes. Faites ensuite brûler les herbes, tout en prononçant l'incantation suivante:

J'implore Michael, l'archange à l'épée de feu,
Afin que tu puisses répandre sur moi et en moi
Toute la lumière du soleil qui prise la santé.
Michael, veille sur moi afin que je me rétablisse,
Afin que l'énergie solaire soit mon gage de santé.

Remerciez le ciel et laissez brûler vos herbes jusqu'à ce qu'elles se soient complètement consumées. Prenez-en les cendres et allez les éparpiller aux quatre vents en imaginant que ce sont vos malaises que vous dispersez au loin.

POUR OBTENIR LA LONGÉVITÉ

Ingrédients et accessoires:

- Un aliment

Rituel:

Prenez un aliment, par exemple un fruit, un légume, un biscuit de farine d'avoine ou un morceau de fromage, et placez-le devant vous alors que vous serez assis confortablement. Ensuite, en inspirant lentement et avec toute la force de votre concentration, projetez dans cet aliment un désir spécifique de longévité: une santé de fer, un système digestif robuste, une forme physique resplendissante, etc. Après vous être concentré pendant un moment, prenez l'aliment et commencez à le manger lentement, une bouchée à la fois, en prenant votre temps pour bien mastiquer. Imaginez-vous qu'à chaque bouchée votre corps absorbe cette pensée, ce désir de longévité et que maintenant vous commencez à vibrer cette onde positive. Répétez ce rituel alimentaire aussi souvent que cela vous plaira.

POUR CHASSER LES SENTIMENTS DE DÉPRIME

Ingrédients et accessoires:

- Aucun

Rituel:

Si vous êtes mélancolique et déprimé, si votre humeur est morose, allez faire une promenade dans la nature – une forêt ou un parc. Lorsque vous aurez trouvé un chêne mature, approchez-vous-en dans le silence et posez vos mains contre son tronc. Dites-lui dans vos mots que vous avez besoin de lui et qu'il possède le pouvoir de vous venir en aide. Posez doucement votre front contre son écorce et répétez tout bas, à trois reprises:

Chêne, cher ami sage et noble,

Accepte ce qui me cause du tracas.

Que mes troubles montent dans tes veines,

Qu'ils aillent vers le ciel,

Béni sois-tu, noble parmi les nobles,

Que ma vie reprenne son cours,

Comme les étoiles reprennent chaque nuit leur course.

Bonheur et joie, pour toi et moi,

Qu'il en soit ainsi, merci.

Remerciez l'arbre de sa sagesse et de son aide, donnez une bise à son tronc et partez le cœur léger...

POUR VAINCRE LA GRIPPE ET LE RHUME

Ingrédients et accessoires:

- Trois bougies blanches
- Des cristaux de camphre

Rituel:

Faites couler un bain chaud et, autour de celui-ci, allumez trois bougies blanches. Ensuite, prenez une pleine poignée de cristaux de camphre et jetez-les dans l'eau de la baignoire. Attendez un moment, le temps que les cristaux se dissolvent dans l'eau, puis prononcez cette incantation:

Médecins du ciel, je vous appelle par ces trois phares,

Je vous dédie ces lumières, représentation de votre énergie.

Aidez-moi à chasser la maladie, cause de mes ennuis,

Déversez en moi votre énergie curative, qu'il en soit ainsi.

Entrez dans la baignoire par le pied gauche, et détendez-vous dans le calme et la quiétude pendant un long moment; ressentez pendant tout ce temps l'action bienfaisante de l'énergie spirituelle des *Médecins du ciel*, chassant votre malaise. Retirez ensuite le bouchon et demeurez dans l'eau tant que la baignoire ne sera pas entièrement vide.

Pendant que l'eau se vide, imaginez vos malaises vous quitter. Sortez de la baignoire du pied droit et séchez-vous.

POUR CHASSER LE DÉSARROI

Ingrédients et accessoires:

- Du sel de bain magique
- Trois bougies blanches

Rituel:

Préparez vous-même votre sel de bain magique en suivant la recette suivante. Prenez du sel de mer en bonne quantité et ajoutez-y de l'huile de rose ainsi que de l'huile d'orange. Mélangez le tout et laissez reposer pendant douze heures.

Quand vous serez prêt pour le bain, allumez trois bougies blanches, disposez-les autour de votre baignoire et faites couler un bain chaud; ajoutez-y une poignée de sel magique en prononçant cette incantation:

Sel de bain magique, protège-moi contre ce qui est maléfique,

Chasse ce désarroi qui m'accable et montre-moi l'inestimable.

Je nettoie mon aura et chasse toutes ces ondes négatives,

Afin que maintenant une belle santé mentale puisse s'ensuivre.

Entrez dans l'eau et baignez-vous pendant environ trente minutes; ressentez l'action purificatrice de l'eau vous nettoyer, de corps, d'âme et d'esprit. Après ce rituel, vous commencerez déjà à vous sentir mieux.

POUR CHASSER LA MALADIE

Ingrédients et accessoires:

- Une bougie blanche
- Une bougie verte
- Une bougie rouge
- De l'encens d'oliban
- Une partie de basilic
- Une partie de sauge
- Une partie de laurier
- Un plat ignifuge
- Une pastille de charbon (ou du bran de scie)
- Un morceau de papier

Rituel:

Pour bien conduire ce rituel, vous devrez allumer trois bougies: une blanche, une verte et une rouge. Disposez-les en triangle comme ceci: la blanche en haut au centre, la verte à droite et la rouge à gauche. Allumez ensuite de l'encens d'oliban et placez-le au centre du triangle. Prenez maintenant en parts égales des herbes de basilic, de sauge et de laurier. Mêlez-les bien les unes aux autres afin d'obtenir un mélange homogène. Lorsque cela sera fait, méditez dans le silence sur la maladie à briser; imaginez-vous, par exemple, en train de courir le marathon si vous aviez des problèmes avec les jambes, etc. Après ce temps, retirez l'encens du centre du triangle et posez-le à côté de vous. Allumez une pastille de charbon et placez-la dans un plat ignifuge que vous poserez toujours au centre du triangle. Écrivez ensuite sur un morceau de papier ce qui suit:

> *Cette maladie* (nommez-la) *dont je souffrais est maintenant partie,*
>
> *Je l'ai brisée, je l'ai corrompue, elle a désormais disparu.*

Placez le papier sous le plat et faites brûler votre composition d'herbes sur les braises du charbon (ou sur le bran de scie). Méditez encore une fois sur votre guérison, puis récitez la phrases dix fois consécutives avec autorité. Humez les effluves de l'encens jusqu'à ce que vous souhaitiez conclure ce rituel.

POUR TENIR LES MALADIES AU LOIN

Ingrédients et accessoires:

- Une bougie blanche
- Un objet appartenant au malade

Rituel:

Afin de venir en aide à une personne malade (ou pour vous donner vous-même un petit coup de pouce), procurez-vous un objet ayant appartenu à la personne dans le besoin, par exemple un morceau de vêtement ou une mèche de cheveux. Allumez ensuite une bougie blanche, tenez l'objet dans votre main droite et levez-le vers le ciel en disant:

> *Divine Providence, Lumière céleste par qui toutes choses ont été créées pour le service et l'utilité des hommes, je vous demande très humblement, par votre grâce divine et par votre grande bonté, que je puisse être en mesure de prodiguer, par votre entremise, cet acte de santé afin que* (dites le nom de la personne) *puisse obtenir un prompt rétablissement. Venez-moi en aide et soyez la main qui dirige les énergies bénéfiques afin que le mal puisse être extirpé. Je vous remercie et, en vous, je place toute ma confiance et tout mon amour. Tel soit.*

Allez à l'extérieur et brûlez l'objet, ou enterrez-le dans le sol en disant:

> *La maladie qui affligeait le corps de* (dites son nom)
>
> *Est maintenant immolée et chose du passé.*
>
> *Les ondes discordantes sont retournées à la terre.*
>
> *Puisse la Providence divine veiller sur son âme.*

Chapitre 10

La protection

POUR VOUS GARDER D'UNE HABITUDE MALSAINE

Ingrédients et accessoires:

- Une feuille de papier blanc

Rituel:

Sous les rayons d'une lune en déclin, écrivez sur un morceau de papier ce dont vous voulez vous délivrer, avant de déchirer cette feuille en deux. Répétez ce geste trois fois. Prenez ensuite les bouts de papier et enterrez-les dehors, ou jetez-les dans la cuvette de la toilette et tirez la chasse d'eau. Ce faisant, prononcez cette incantation:

Par la puissance de cette lune en déclin,
Je prends ce qui me gêne et le chasse au loin.
Ce mal qui me consume et dont je souffre,
Bientôt délivré, je retrouverai mon souffle.

Maintenant je redonne un sens à ma vie,

Qu'il en soit ainsi!

POUR PROTÉGER VOTRE MAISON

Ingrédients et accessoires:

- Une dague (ou un couteau)

Rituel:

Lors d'une lune décroissante, le plus près possible de la nouvelle lune, levez votre dague (ou votre couteau) pour saluer la grande déesse et le prince consort en leur demandant de vous apporter l'aide nécessaire dans cette œuvre de protection. En commençant par la porte d'entrée, et en vous dirigeant dans le sens des aiguilles d'une montre, faites le tour de votre demeure. À chaque fenêtre, porte ou autre ouverture, tracez avec votre couteau un pentagramme (une étoile à cinq branches) pour invoquer la protection. À mesure que vous tracerez ces pentagrammes protecteurs, psalmodiez:

Dieu et déesse du jour,

Repoussez avec force le mal pour toujours.

Montez une garde terrible et sévère

Contre le mal et les flammes de l'enfer.

Lorsque vous aurez terminé, visualisez que votre demeure est dûment scellée par la lumière divine. Remerciez la déesse et le prince pour leur aide.

POUR PROTÉGER UN OBJET PERSONNEL

Ingrédients et accessoires:

- Aucun

Rituel:

En utilisant l'index et le majeur de votre main droite, tracez un pentagramme au-dessus de l'objet que vous désirez protéger par ce rituel. En traçant l'étoile à cinq branches, visualisez une lumière bleue électrique projetée du bout de vos doigts et récitez ces paroles:

Par ce pentagramme que je trace,

Voilà le rituel que je pratique ici.

Cette protection perdurera jour et nuit,

Contre ceux qui ne doivent toucher.

Que leurs doigts brûlent et crépissent,

Si la tentation de prendre apparaît.

Ceci est ma volonté, qu'il en soit ainsi!

POUR OBTENIR LA PROTECTION

Ingrédients et accessoires:

- Une bague
- Une coupe d'eau

Rituel:

Placez une bague dans une coupe d'eau la veille de la pleine lune et laissez-la reposer ainsi jusqu'au lendemain, c'est-à-dire jusqu'à la nuit de la pleine lune. Ce moment venu, remuez l'eau trois fois avec votre doigt dans le sens des aiguilles d'une montre, puis prenez la coupe dans vos mains et marchez en rond dans la pièce en faisant trois tours, toujours dans le sens des aiguilles d'une montre. Prononcez ensuite cette incantation:

Lune, lune, belle lune ronde,

Déverse dans cette eau la protection.

Lune, lune, belle lune féconde,

Emplis cette bague de tes rayons.

Lune, lune, belle lune profonde,

Accorde-moi la protection!

Buvez l'eau, puis retirez votre bague de la coupe. Vous devez la porter jusqu'à la prochaine pleine lune afin que votre protection soit assurée. Recommencez le rituel tous les mois pour profiter de cette influence.

LE MIROIR PROTECTEUR

Ingrédients et accessoires:

- Un miroir
- Cinq bougies blanches
- Du romarin
- Une corde violette

Rituel:

Au centre de votre autel ou de votre espace de travail, placez un encensoir dans lequel vous ferez brûler du romarin. Disposez ensuite les cinq bougies tout autour de l'autel, à une distance égale les unes des autres. Allumez maintenant celle qui se trouve à votre droite en prononçant cette incantation:

Lumière lunaire, protège-moi,

Élève-moi au-dessus des périls

Tel un fils de Roi!

Faites de même pour toutes les autres bougies, en répétant la phrase chaque fois. Cela fait, tenez le miroir entre vos mains et invitez respectueusement l'aspect lunaire de la déesse dans ces mots:

Grande déesse argentée, reine de la magie lunaire et Souveraine des océans,

Grande déesse de la nuit mystique et des mystères très grands,

En cet endroit, à la lueur de ces bougies et de mon miroir,

Protège-moi par ta puissance, toutes les mauvaises vibrations s'envolent dès ce soir!

En vous tenant debout devant votre autel, tournez le miroir de façon qu'il réfléchisse les flammes des bougies; maintenez le miroir dans cette position et faites lentement le tour de l'autel dans le sens des aiguilles d'une montre en observant le reflet aller ici et là dans votre pièce de travail. Graduellement, augmentez la vitesse de votre marche en continuant d'invoquer mentalement la protection de la déesse – chargez de cette manière votre demeure ou votre chambre de la lumière protectrice de la déesse. De plus en plus vite, tournez autour des bougies jusqu'à ce que vous sentiez que l'atmosphère a changé et a été nettoyée par la grande déesse. Quand vous aurez terminé, retournez derrière votre autel et rendez grâce à la déesse. Éteignez les bougies entre votre pouce et votre index, et attachez-les ensemble avec une corde violette. Rangez-les dans un endroit sûr.

LA BOUTEILLE MALIGNE

Ingrédients et accessoires:

- De l'oliban
- De la limaille de fer
- Du sel de mer
- Du soufre
- Une bougie blanche

- Une bouteille
- Un morceau de papier blanc
- De l'encre noire ou un stylo neuf noir

Rituel:

Ce rituel peut être utilisé pour neutraliser le pouvoir de ceux qui tentent de vous faire du mal physiquement ou mentalement. À la lueur de la bougie blanche, mélangez à parts égales les ingrédients dans une bouteille; à l'encre noire, écrivez ensuite sur le papier: *Je neutralise le pouvoir de* (écrivez le nom de la personne) *afin qu'il ne me fasse aucun mal.* Roulez le papier sur lui-même, insérez-le dans la bouteille, puis refermez le tout avec un bouchon de liège. Scellez en faisant couler de la cire sur le bouchon, tout en faisant tourner la bouteille sur elle-même dans le sens contraire des aiguilles d'une montre. Finalement, allez secrètement enterrer la bouteille dans un terrain vague où personne ne pourra la déterrer et dites:

Le pouvoir de (dites le nom de la personne) *est neutralisé, embouteillé et mis à néant!*

POUR CHASSER LES MAUVAIS ESPRITS

Ingrédients et accessoires:

- Trois bougies blanches

Rituel:

Allumez trois bougies blanches et disposez-les en triangle sur le sol, au centre de la pièce dont vous voulez chasser les esprits qui vous gênent. Tenez-vous debout, face aux bougies, et étendez vos mains au-dessus de celles-ci. Aspirez ensuite mentalement la lumière et les flammes des bougies dans vos mains; à mesure que vous emmagasinez cette énergie, répétez de plus en plus fort:

Sans lumière, il n'y aurait point de ténèbres.
La lumière chasse les ténèbres.
Je n'ai guère besoin des ténèbres en ce lieu.
Esprits gênants, quittez ce lieu.

Étendez vos bras de chaque côté de votre corps. Et, d'un seul coup, comme un éclair de lumière jaillissant de vos mains, expulsez l'énergie-lumière dans la pièce en criant:

Tricluz Qesp!

EN FORCE AVEC LE LION!

Ingrédients et accessoires:

- Une illustration d'un lion
- Une bougie jaune ou dorée
- De l'huile de rose ou d'oranger

Rituel:

Dessinez une tête d'un lion ou procurez-vous une illustration de cet animal. Passez-la trois fois au-dessus de la flamme d'une bougie jaune ou dorée, en vous concentrant sur votre estime personnelle et le respect que vous désirez obtenir d'autrui. Infusez alors le charme avec votre énergie en l'enduisant d'huile de rose ou d'oranger. Vous n'aurez ensuite qu'à la porter sur vous. Lorsque vous le contemplerez ou le toucherez, vous sentirez votre confiance en vous s'accroître.

POUR EMPÊCHER UNE PERSONNE DE VOUS FAIRE DU MAL

Ingrédients et accessoires:

- Un morceau de papier
- De l'encens d'oliban

Rituel:

Brûlez de l'encens d'oliban comme offrande à la déesse et au prince consort. Écrivez trois fois sur un morceau de papier les nom et prénom de la personne que vous voulez tenir loin de vous. Concentrez-vous, pensez aux raisons qui vous poussent à chasser cette personne de votre vie tout en écrivant son nom. Lorsque ce travail sera accompli, sortez à l'extérieur et placez le papier sous la plus grosse pierre que vous trouverez – l'endroit idéal serait dans un terrain abandonné et lugubre, voire un cimetière. Remerciez la déesse et le prince consort en vos propres mots et quittez les lieux sans vous retourner. Aussi longtemps que la feuille demeurera sous la pierre, la personne ne pourra vous causer quelque mal que ce soit.

POUR CHANGER VOS ENNEMIS EN AMIS

Ingrédients et accessoires:

- Une photographie de l'ennemi
- Une petite boîte
- Des pétales de rose
- De l'encens de rose

Rituel:

Prenez une photographie de votre ennemi et passez-la dans la fumée de l'encens de rose. Si vous ne disposez pas de photographie, vous pouvez utiliser un morceau carré de papier bleu sur lequel vous aurez écrit ses nom et prénom ainsi que sa date de naissance, si vous la connaissez. En faisant cela, récitez l'incantation suivante trois fois:

Ennemi, ennemi, je te transforme en ami enfin,
Et que toute mauvaise volonté arrive à une fin.

Après avoir psalmodié l'incantation pour la troisième fois, prenez la photographie (ou le billet de papier) et mettez-la dans une petite boîte, que vous remplirez ensuite avec des pétales de rose avant de la refermer hermétiquement. Rangez ce charme dans un endroit connu de vous seul. Pour de meilleurs résultats, exécutez ce charme lors d'une pleine lune.

Chapitre 11

Le désenvoûtement

POUR ROMPRE UN MALÉFICE

Ingrédients et accessoires:

- Des pierres
- Un objet appartenant à l'envoûteur
- Un morceau de coton

Rituel:

Si vous croyez être victime d'un envoûtement, si vous avez la certitude qu'une personne vous a jeté un mauvais sort, ou encore si un parent, une connaissance ou même un patron a une emprise malsaine sur vous, prenez tout le matériel nécessaire et dirigez-vous dans un bois (ou un parc) où vous pourrez trouver un chêne. Lorsque cela sera fait, faites un cercle serré et continu de pierres, grandes et petites, tout autour du tronc de l'arbre. Placez ensuite dans un morceau de coton propre un objet ayant appartenu à votre envoûteur et nouez le tissu trois fois pour bien emprisonner l'objet à l'intérieur. Enterrez la pièce de coton au pied de l'arbre, côté ouest, en prononçant l'incantation suivante – le chêne vous libérera de cette emprise:

> *Toi, arbre céleste aux racines divines et cosmiques,*
>
> *Toi qui puises au plus profond de la terre les secrets des dieux,*
>
> *Toi qui es relié aux quatre éléments par la conscience suprême,*
>
> *Je te demande de me libérer du lien que m'a imposé* (dites le nom de l'envoûteur),
>
> *Et transforme ses intentions en amour divin et apporte-lui la lumière d'or...*

LA CORDE NOIRE

Ingrédients et accessoires:

- Une bougie noire
- Une corde noire
- Un objet appartenant à la personne qui vous veut du mal

Rituel:

Une nuit de samedi, en période de lune décroissante et à la lueur d'une bougie noire, prenez une corde noire et attachez-y un objet-lien, c'est-à-dire quelque chose ayant appartenu à la personne qui vous veut ou vous a fait du mal. Tenez ensuite la corde dans votre main gauche et nommez-la du nom de la personne. Puis concentrez-vous sur elle en fixant la corde avec force et conviction. En faisant un nœud, prononcez l'incantation suivante:

> *Cette corde dans ma main est l'image de la personne qui me persécute.*
>
> *Je ne suis plus sa victime car maintenant,*
>
> (Dites le nom de la personne) *est sous l'emprise de mon pouvoir;*
>
> *Il devient aussitôt sa propre victime!*
>
> *Lui qui dressait les ébauches du mal se voit contraint de les recevoir en retour,*
>
> *Lui qui souhaitait les malheurs, le voilà sur son propre pilori.*
>
> (Dites le nom de la personne) *repose désormais sur cette simple corde.*
>
> *Il sera dès lors lié par ses pensées et ses actions,*
>
> *Voilà ta pitance! Impuissant, reçois ce que tu projettes!*

Répétez de nouveau l'incantation en y faisant un second nœud et ainsi de suite, autant de fois que vous le voudrez – plus il y aura de nœuds, plus le charme sera puissant. Laissez ensuite la bougie brûler d'elle-même, et allez aussitôt enterrer votre charme au pied d'un arbre.

ŒIL POUR ŒIL, OMBRE POUR OMBRE

Ingrédients et accessoires:

- Aucun

Rituel:

Qu'y a-t-il de plus déplaisant que d'avoir une personne cherchant à nous nuire par tous les moyens possibles et inimaginables? Si vous avez décidé de prendre les grands moyens pour vous en débarrasser et mettre un terme à son influence négative, arrangez-vous pour être en mesure de la suivre, non loin derrière elle, de façon à marcher dans son ombre. Chemin faisant, vous devrez frapper discrètement sur l'ombre avec vos talons et dire mentalement, sans qu'elle s'en aperçoive:

> *Toi,* (dites le nom de la personne), *je te domine et je te foule de mes pas!*
>
> *Ton influence hostile cesse sur-le-champ, je t'écrase, disparais!*
>
> *Ma volonté l'emporte sur la tienne, oublie-moi. Tel soit!*

POUR RENVERSER LE MAL PROJETÉ

Ingrédients et accessoires:

- Une bougie noire
- Une photographie de la personne visée
- Du basilic

Rituel:

Cette incantation sera prononcée contre la personne qui vous a fait du mal, un soir de lune décroissante, tandis que vous ne serez éclairé que par une seule bougie noire – soyez assuré que la personne visée par ce rituel vous a véritablement fait du mal, sinon gare à vous! Prenez sa photographie et déposez-la devant la bougie. Ensuite, couvrez-la entièrement avec du basilic. Concentrez-vous sur les propriétés protectrices et bénéfiques de cette herbe, puis récitez cette injonction:

> *Une injustice a été commise à mon égard et je demande à ce que les événements puissent dès maintenant changer comme il se doit. Une personne au nom de* (dites le nom de la personne) *a commis un préjudice contre ma personne et je demande au Ciel d'appliquer la loi du karma et de punir celui qui m'a souhaité le mal selon ce qu'il en sera décidé. Malheur à celui par qui le malheur arrivera, voilà ce qu'il en sera.* (Dites le nom de la personne) *m'a souhaité du mal, alors ce mal je lui retourne afin qu'il en subisse les conséquences, pour son propre bien,*

afin qu'il comprenne la portée de toutes ses actions. Je me libère dès maintenant de son emprise et tout ce qu'il m'a projeté, contre lui cela est désormais retourné. Par la loi du karma, par le Ciel et la Providence divine, par trois fois trois, cela te revient, tel est ton destin!

Laissez la bougie se consumer complètement, puis récupérez les restes pour aller les enfouir dans un terrain vague, loin des regards indiscrets.

CONTRE LES REPRÉSAILLES

Ingrédients et accessoires:

- Votre urine
- Un contenant

Rituel:

Vous venez de vous disputer avec une personne et vous appréhendez ses représailles, sachant qu'elle voudra se venger? Si tel est le cas, il existe un moyen fort simple par lequel vous pourrez vous protéger des mauvaises intentions et contrer à l'avance ses actes. Pour y arriver, rien de plus facile. Le matin, à jeun, urinez dans un contenant et allez répandre votre urine sur le seuil de votre porte d'entrée: cette action aura pour but de repousser toutes les tentatives de vos ennemis. Si vous habitez dans un immeuble à logements, répandez-en même un peu plus loin dans le corridor mais usez de précaution pour que personne ne vous prenne en flagrant délit de magie!

QUE MEURE TON MAL!

Ingrédients et accessoires:

- Un citron jaune
- Un morceau de papier
- Un feutre noir
- Un couteau de cuisine

Rituel:

Vous avez reçu des menaces verbales, une lettre désagréable? Vous vivez peut-être une rupture ou une situation délicate? Alors, prenez un morceau de papier et écrivez à l'aide d'un feutre noir la situation qui vous déplaît et vous accable, tout ce qui vous rend mal à l'aise. Dans le cas, par exemple, d'une personne qui vous aurait menacé, vous pourriez écrire:

> (Écrivez son nom), *toi qui me menaces sans arrêt,*
> *Toi qui tentes de me faire souffrir par plaisir,*
> *Toi qui essaies de me faire peur et trembler,*
> *Je mets un frein à tes élans et je te stoppe.*
> *Sur-le-champ tu cesses tes actions néfastes,*
> *Et à mon égard tu n'as que de la sympathie!*

Prenez à présent un couteau de cuisine et faites une entaille dans un citron. Roulez le papier sur lui-même et insérez-le entièrement à l'intérieur du citron. Il ne vous restera plus qu'à vous diriger vers un endroit isolé et ensoleillé – par exemple un terrain vague, un champ ou encore une clairière – pour déposer le citron sur le sol, de manière que personne ne puisse le déplacer. À mesure que les rayons du soleil frapperont le citron, les actions de votre ennemi mourront.

TREIZE AIGUILLES POUR L'ENFER

Ingrédients et accessoires:

- Treize aiguilles de pin

Rituel:

Lorsque tout semble aller de travers et que la vie devient une suite ininterrompue de malchances et de tracas, prenez treize aiguilles de pin et mâchez-les, tout en vous concentrant sur le fait que vous êtes à présent en train de réduire en bouillie la source de vos ennuis. Crachez ensuite sur le sol le contenu en proférant trois fois et avec force cette injonction:

Que le mal soit banni puisqu'il est réduit en bouillie,

Et puisqu'il est déjà par terre, qu'il retourne donc en enfer!

LE COLLIER DU VAMPIRE

Ingrédients et accessoires:

- Une bougie noire
- Neuf gousses d'ail
- Une grosse aiguille
- Du fil noir

Rituel:

Depuis des lunes, on raconte dans les mythes et légendes que les gousses d'ail repoussent les vampires... *et cela est tout à fait vrai!* Bien entendu, nous faisons allusion aux vampires psychiques et à leurs influences négatives subtiles. Alors, afin de vous débarrasser des ondes négatives qu'une personne vous projette, œuvrez à la lueur d'une seule bougie noire, la nuit où il n'y a pas de lune dans le ciel. Prenez neuf gousses d'ail et commencez à les éplucher pour n'en utiliser que le centre. Ensuite, avec un fil noir et une grosse aiguille, commencez à enfiler vos têtes d'ail, une à une, en psalmodiant à chacune d'elles cette incantation:

Vampires psychiques et ondes hostiles,
Je vous transperce et vous pourfends,
Et jamais plus vous n'aurez d'influence.
Je vous détruis et vous chasse, je vous occis!

Lorsque vous aurez terminé, nouez les bouts de fil ensemble pour finalement obtenir un collier et suspendez-le au-dessus de la porte d'entrée principale de votre demeure. Après environ deux semaines, lors de la pleine lune, rendez-vous à l'extérieur et enterrez votre collier le plus loin possible de votre lieu de résidence.

LA POUDRE DE RENVERSEMENT

Ingrédients et accessoires:

- De la sauge moulue
- Une bougie noire
- Une bougie blanche
- Un miroir de poche

Rituel:

Afin de renverser un charme ou tout maléfice qu'un sorcier malintentionné vous aurait lancé, munissez-vous d'un petit miroir de poche et, exactement à la treizième nuit après la pleine lune, posez-le sur une table, la surface réfléchissante sur le dessus. Gravez le nom de votre envoûteur sur une bougie noire et posez-la directement sur le miroir. Allumez la bougie et, ensuite, en prenant une petite poignée de sauge moulue, frottez-vous les mains, les avant-bras, puis le front, tout en prononçant cette incantation:

Forces telluriques, prenez ce que (dites le nom de l'envoûteur) *m'a dispensé,*

Et retournez-lui tout ce mal sous la forme qu'il aura méritée.

Prenez une autre pincée de sauge et tracez un petit cercle autour du miroir, dans le sens des aiguilles d'une montre. Concentrez-vous maintenant sur le fait que votre charme, la sauge et la bougie noire aspirent tout le mal qui vous a été adressé et soyez convaincu que toutes ces mauvaises énergies sont de ce fait retournées à celui qui vous les avait envoyées. Lorsque la bougie aura brûlé jusqu'au bout, allumez une bougie blanche sur laquelle votre nom sera gravé et placez-la devant le miroir. Dites maintenant:

Mes corps physiques et subtils sont désormais purifiés,
Les maléfices, contre l'expéditeur sont retournés!

Récupérez la sauge et les restes de la bougie noire et, laissant la bougie blanche brûler en votre absence, allez les enterrer loin de votre demeure. À votre retour, prenez un bain.

LA CLÉ DE SANG

Ingrédients et accessoires:

- Une clé de fer
- Quelques gouttes de votre sang

Rituel:

Si vous connaissez une personne dans votre entourage qui vous souhaite du mal ou tente de vous nuire, prenez une clé de fer et versez dessus quelques gouttes de votre sang. Ensuite, concentrez-vous avec force sur le fait que cette clé représente la clé de tous vos malheurs et qu'en vous en débarrassant, tout reviendra à la normale: la personne malintentionnée ne pourra plus avoir quelque influence que ce soit sur vous. Lorsque le sang aura séché, allez jeter la clé dans le jardin ou dans la demeure de votre ennemi.

LES NŒUDS DE LA PENDAISON

Ingrédients et accessoires:

- Une bougie noire
- Une photographie de l'envoûteur
- Une corde

Rituel:

Opérez la septième journée après la pleine lune, à la lueur d'une seule bougie noire. Prenez une corde ainsi qu'une photographie de votre envoûteur (ou un papier sur lequel seront écrits ses nom, date de naissance et signe astrologique). Faites ensuite trois nœuds dans la corde à distance égale pendant que vous récitez cette incantation:

Ce premier nœud scelle tes énergies et t'empêche de les projeter sur quiconque.

Ce deuxième nœud neutralise tes mauvaises pensées.

Ce troisième nœud lie le chaos de ton esprit à l'obscurité de tes pensées.

Pendant que vous vous exécuterez, prenez soin de bien vous concentrer sur la personne en question et déployez toutes vos forces pour retourner le mal vers elle. Lorsque les trois nœuds seront terminés, prenez la photographie et attachez-la à l'une des extrémités de la corde, puis faites couler de la cire dessus. Éteignez la bougie et quittez votre pièce de travail pour aller suspendre la corde dans l'entourage de la personne. Si vous ne connaissez pas son lieu de résidence, accrochez-la à un arbre mort.

Chapitre 12

Les bouteilles ensorcelées

LE GOUFFRE AUX VIPÈRES

Ingrédients et accessoires:

- Une bouteille de verre
- Une bougie noire
- Des clous de girofle
- Du sel
- Un morceau de papier

Rituel:

Imaginez un instant toutes les personnes qui parlent contre vous, les ragots et les rumeurs qu'elles peuvent véhiculer à votre sujet; ces personnes ne sont-elles pas de vilaines langues de vipère? Eh bien! il y a un moyen de les faire taire.

Allumez une bougie noire et placez une bouteille de verre tout juste devant. Écrivez le nom de la personne qui répand son fiel contre vous (ou toutes les personnes) sur un morceau de papier et placez-le dans la bouteille. Au même moment, imaginez que ce sont en réalité toutes ces personnes que vous jetez au fond d'un gouffre! Prenez aussitôt du sel et versez-le dans la bouteille de façon à couvrir entièrement le papier. En faisant cela, essayez d'entendre leurs cris s'éteindre et devenir de plus en plus lointains jusqu'à ce que le silence se fasse. Prenez ensuite des clous de girofle et remplissez le reste de la bouteille, avant de la boucher hermétiquement. En brassant vigoureusement la bouteille, dites:

Voilà, le sort en est jeté!
Au fond du gouffre je vous ai abandonnées,
Langues de vipère, plus personne ne sera affecté,
Votre mal est scellé, telle est ma volonté!

Allez ensuite dehors et jetez la bouteille dans une fosse, un trou profond, bref, débarrassez-vous-en et... n'y pensez plus jamais!

LA BOUTEILLE DE CHANCE

Ingrédients et accessoires:

- Une bouteille
- Des feuilles de laurier
- De l'écorce d'orange
- Du pissenlit
- Sept pépins de pomme
- De la sauge

Rituel:

La chance et le succès, voilà ce que confère cette bouteille magique. Commencez ce rituel un dimanche, à midi. Prenez une bouteille et insérez-y, en parts égales, les ingrédients suivants réduits en poudre, un à un: des feuilles de laurier, une écorce d'orange, du pissenlit, sept pépins de pomme et de la sauge. Pour chaque pincée introduite dans la bouteille, prononcez ce qui suit:

Pour obtenir un foyer de chance extraordinaire,
Afin que j'obtienne ce que je désire le plus,
Je place ces vibrations de chance à mon intention,
Et le succès frappe à ma porte de toutes les façons.

Refermez hermétiquement votre bouteille, placez cette bouteille près de votre lit et répétez l'incantation tous les soirs en vous couchant et le matin à votre réveil, toujours en tenant votre bouteille dans les mains.

LA BOUTEILLE DU GARDIEN DES SORCIÈRES

Ingrédients et accessoires:

- Une bouteille de verre
- Des clous
- Des épingles
- Des aiguilles
- Un morceau de papier

Rituel:

Une journée de pleine lune, au matin à jeun, prenez une bouteille de verre et placez-la sur votre autel ou votre espace de travail, avec tout le reste de votre matériel. Placez ensuite, un à un, tous les ingrédients dans la bouteille, en vous concentrant sur la protection que vous désirez obtenir. Puis prenez un morceau de papier et inscrivez-y vos nom, prénom et date de naissance, votre signe astrologique ainsi que votre nom de sorcier ou de sorcière, et placez-le également dans la bouteille. Lorsque le tout sera accompli, urinez dans la bouteille et refermez-la hermétiquement – il est bien important que cette urine soit la première de la journée. Allez l'enterrer sur votre terrain ou dans votre jardin en prononçant cette incantation:

Bouteille de protection, gardien des sorciers et des sorcières,

Ici je t'enfouis afin que tu vibres ton aura protecteur pour moi.

Par ces ingrédients délicatement choisis, par mon essence personnelle,

Voilà la personne sur qui tu n'auras de repos,

Pour qui tu protèges sans relâchement.

Tant que tu demeureras en place,

Rien ni personne ni aucune force ne pourra m'atteindre.

Cela est à présent fait, le charme est lancé,

Entame dès maintenant ta vie de gardien!

LA BOUTEILLE DU CANCER

Ingrédients et accessoires:

- Une bouteille
- Du poivre
- Du soufre
- De la poussière
- De la terre d'une croisée de chemins
- Un objet appartenant à la personne

Rituel:

Si une personne est responsable des ennuis que vous connaissez, vous pouvez alors passer à l'action et retourner le mal injustement projeté à votre égard. Pour y parvenir, prenez une bouteille de verre et remplissez-la à demi avec du poivre et du soufre. Ensuite, prenez un objet ayant appartenu à la personne en question et insérez-le dans la bouteille. Ajoutez une pincée de poussière et une autre de terre provenant d'une croisée de chemins ou encore d'un cimetière. Pendant tout le temps que vous remplirez la bouteille, insérez les objets un à un tout en vous concentrant sur les ennuis et les problèmes causés par cette personne et en prenant bien votre temps. Lorsque la bouteille sera pleine, fermez-la hermétiquement et scellez-la en disant:

Ce mal qui me gruge comme un cancer,
Je le sais, il ne date pas d'hier.
Je sais de plus que tu es celui
Par qui il s'est manifesté dans ma vie.
À présent que ton pouvoir est scellé,
Tu es aux prises avec ma volonté.
Tes desseins et malheurs te sont retournés,
Par cette protection qui te renvoie ta destinée!

Placez la bouteille à l'abri des regards ou allez l'enterrer sur le terrain de la personne visée par ce contre-charme; tous vos ennuis seront redirigés vers la personne qui les a appelés.

LA BOUTEILLE DES RICHESSES

Ingrédients et accessoires:

- Une bouteille
- Deux bougies vertes
- Une feuille de chêne
- Du ginseng réduit en poudre
- De l'eau de source

Rituel:

Allumez deux bougies placées l'une en face de l'autre, la bouteille au centre. Versez l'eau dans la bouteille en vous concentrant sur le gain d'argent et ajoutez-y une pincée de ginseng ainsi qu'une feuille de chêne fraîchement cueillie. Mélangez le contenu de la bouteille en la brassant légèrement, tout en disant:

Ô déesses et princes consorts, apportez-moi de l'argent,

Car mon besoin en est important.

Que l'argent double comme un arbre ses feuilles,

Lorsque j'amène le chêne dans mon portefeuille.

Concentrez-vous et voyez votre désir s'imprégner dans la feuille; lorsque vous vous sentez prêt à mettre fin au rituel, éteignez les bougies en citant:

Que mes paroles soient écoutées,

Et que mon souhait soit exaucé!

Que ce sortilège puisse durer,
Tout le temps que je l'ai décidé,
Et qu'il puisse m'apporter
De l'argent dans ma nécessité!

Bouchez et rangez la bouteille dans un endroit où vous pourrez la contempler jour après jour. Au bout de deux semaines, ouvrez-la, sortez-en la feuille, séchez-la légèrement, pliez-la en quatre et glissez-la dans votre portefeuille afin qu'elle puisse vous apporter des richesses. Lorsque la feuille sera sèche et commencera à s'émietter dans votre portefeuille, il sera temps de renouveler le rituel.

LA FIOLE DES SÉPARATIONS

Ingrédients et accessoires:

- Une petite bouteille de verre
- Une bougie blanche
- Une bougie noire
- Des pierres
- Un bout de papier
- Un feutre noir

Rituel:

Si vous connaissez le responsable des ennuis en amour qu'éprouve une personne, vous pouvez préparer cette bouteille pour les séparer. Prenez une bonne poignée de petites pierres que vous aurez récupérées dehors une nuit de samedi, de façon que vous en ayez assez pour remplir votre bouteille. Cela fait, allumez vos bougies, puis inscrivez sur un bout de papier le nom de la personne responsable des problèmes amoureux, et placez celui-ci au fond de la bouteille en disant:

> (Dites le nom de la personne), *toi qui es responsable de mes malheurs,*
>
> *De payer pour tout ce mal c'est maintenant l'heure.*

Remplissez ensuite la bouteille en y insérant les pierres, une à une, tout en vous concentrant sur les ennuis et les problèmes causés par cette personne et en prenant bien votre temps. Imaginez la rupture de ce couple de manière à libérer l'autre personne, celle pour laquelle vous faites cette bouteille. Lorsque celle-ci est pleine, fermez-la, scellez-la soigneusement avec de la cire et secouez-la en disant:

> (Dites le nom de la personne), *toi qui es responsable de ces malheurs,*
>
> *De riposter par votre rupture c'est maintenant l'heure.*
>
> *Tous ces ennuis et problèmes sont maintenant tiens.*
>
> *Car, par ce fait, ton énergie maléfique tu le quittes.*

Tu vas apprendre à te repentir, car tel est mon désir.

Dissimulez la bouteille à l'abri des regards indiscrets, et préférablement chez le couple en question ou chez la personne pour qui vous souhaitez le bien s'ils n'habitent pas ensemble.

Sommaire